JN072799

堀内正規

ジョン・レノンをたたえて

life as experiment

小鳥遊書房

はじめに

　1976 年、14 歳のときビートルズに目ざめて以来、
ジョン・レノンは私の最初のロック・ヒーローになった。
彼が射殺されたとき 18 歳、高校 3 年だった私にとっ
て、大学の 4 年間、ジョン・レノンはほとんど神のよ
うな存在だった。その後、大学院に進んで少し英語が
わかるようになって、私はボブ・ディランに熱中する
ようになった。ジョン・レノンの理想を自分のものに
しようとするとひとは不幸になるのではないかと感じ、
ジョン・レノンからの脱出口として、〈ひとりで（迷い
ながら、一貫せずに）生きろ〉というボブ・ディラン
の表現に救いを求めたのだと思う。

　コロナ禍で、1960 年代の文化を紹介する講義をオ
ンラインでしていて、最後にいつもながら（60 年代
の終焉の例として）ジョン・レノンの "God" を取り上
げて語りながら、（講義の内容とは無関係に、なのだけ
れども）あらためてジョン・レノンの偉大さを身に沁
みて感じるということがあった。自分はジョン・レノ
ンに恩義がある、その恩義をまだ返していない。そう
思った。

　日本語で読めるものでも、翻訳やオリジナルの著書
や雑誌媒体や CD のライナーノーツなど、ジョン・レ
ノンについては数多くの読み物が出ている。この上何
を……と思われそうだが、いまの自分にしか言えない

というわけではないとしても、いまの自分を通じてたまたま「言い当てる」ことができることがあるという気がする。愚かしい迷妄かもしれない。

　ジョン・レノンを語るときは幼少期から始めて、ビートルズ時代へと論を進めることが常道だけれど、私が彼についてあえて言いたいと思うことは、『ジョンの魂』から亡くなるまでの、ジョン・レノンのソロ活動の時期に集中している。この小さい本は、ビートルズ解散後にジョン・レノン名義で発表されたオリジナル・アルバムについて、ジョン・レノンが表現したことをどう考えるかに絞って書かれた。インフォメーションを紹介して解説するのでも、専門家ふうに音楽性を分析するのでもない。それには最適なひとがいるだろう。私はただジョン・レノンが遺した録音（＝テキスト）について、彼の生き方に着目して、考えを簡潔に提示してみたかった。

　『ジョン・レノンをたたえて』という題にしたのは、私にとって、ジョン・レノンは間違いなくとび抜けて偉大であるからだ。以下の 67 個の断章の指摘は、必ずしも世間に流布するジョン・レノンのイメージに合致するばかりではないだろう。ジョン・レノン自身がこんなふうに聴かれたいと望んだことに沿っていないかもしれない。日本人の多くが心から共有してきた、オノ・ヨーコさんの提示するジョン・レノン像からも、はずれているところがある。ときどきは、ジョン・レ

ノンや特にオノ・ヨーコを〈ディス〉っているように
さえ見えるかもしれないが、そんな意図はまったくな
い。ただ、ジョン・レノン（とオノ・ヨーコ）が偉大
だからといって、神話の英雄のように崇めたり、なん
でもうのみにするのは違うと思う。それぞれが自分な
りの思考を深めて、ジョン・レノンとの対話をするこ
とが大切だ。私は私で自分なりに、ジョン・レノンへ
の満身の敬意をこめて言葉を紡いだつもりだ。その意
味ではこの本は煮え切らない信仰告白なのだろう。

　はたして読むに値するものになっているだろうか。
私の願いは、読者にこの本を読みながら自分でもジョ
ン・レノンのアルバムを再びじっくり聴いてみたい気
持ちになってもらうことだ。そこからまたそれぞれの
真剣な対話が始まっていけばうれしい。

ジョン・レノンをたたえて
life as experiment
目次

.

[1]

　ジョン・レノンは特別だ。音楽性ならばポール・マッカートニーに及ばないし、歌詞の鋭さや深みならボブ・ディランに及ばない。ビートルズの枠の中で位置づけて論評することもできれば、伝記的事実を元に理解可能な存在にしたり、オノ・ヨーコとの関係をほめたたえたり逆に批判的に眼差したりすることもできる。もちろん（それ自体は自明とは言い難い）〈時代〉との関連において彼のキャリアを云々することもできる。だがどんな角度から見てもジョン・レノンはその視野をはみ出して大きい。多様な面を持っていたからではない。ただジョン・レノンは統一されて要素に分けられない唯一無二の、生きた人格なのだ。彼の歌（録音）のどれをとっても、その向こうに、ひとりのジョン・レノンという〈そのひと〉がいる。それこそが、その重みこそが、歌の説得力をなしている。だからたとえば "Imagine" は、ジョン・レノンが作り歌わなければ、ただのユートピア主義のうそくさい歌だったろう。

"Imagine" は言葉の意味だけからすれば、現実にはあり得ない願いをきれいに語ったものにすぎない。しかし〈旗を振る〉ということは世界にはなければならない。キングの "I Have a Dream" も同じだ。誰もがバランスをとってリアルな思考を展開しなければならないわけではない。悲惨で変えようのない現実の様相を剔抉するひとも世界には必要だが、逆に理想を絵空事と思わせず、人びとをあかるい方へと本気で向かう気にさせるひとも必要なのだ。うつくしいヴィジョンをリアルに感じさせるのは理屈ではないし、もちろん技術でもない。音楽的に、サウンドとして、あの曲をさまざまに分析して、それがいかによいものかを論証することができたとしても、実はそれは問題ではない。聴く者は一瞬で感じる。それは〈誰が歌っているのか〉の「誰が」なのだ。これをたとえば〈カリスマ〉の問題として

理解しようと努めることはできる。歴史が動くとき、なぜか一般論ではなくある特定の個人の肉体を通じてパワーが生まれてしまう。その意味ではジョン・レノンはずば抜けたカリスマだった。だがそのように彼にレッテルを貼ったところで、何がわかるわけでもない。むしろこのようなことに対しては、誰もがその都度、深く、いま初めてのように、驚くべきだ。その驚きのリアルさからどこまで離れないでいられるかが、ジョン・レノンへの忠実度の基準なのだ。

　"Imagine . . ." という歌詞のリフレインの形がたとえオノ・ヨーコの *Grapefruit* から来たとしても、オノ・ヨーコは "Imagine" を作れなかった。いまよく *Grapefruit* を読むがよい。ほとんど機械的とも言える命令文の連打は、決して精神的に深くなく、ある意味で〈頭の体操〉のような特質、世の常識を

揺るがすためのあえておこなう思考実験になっている。ジョン・レノンを〈政治的〉にしたのはオノ・ヨーコの絶対的な貢献だった。二人になって1969年から71年あたりまでに彼らは、シンプルな言葉による政治的メッセージを世界に発した。それはもちろん圧倒的に偉大なことだ。だがそれでもあの時期の歌が、ひとりの人格によって担われた切実な声の響きを立てることがなければ、その政治的運動は徒花にすぎない。"Imagine no possessions / I wonder if you can" と言うとき、ほんとうは彼自身がそのことの至難さを感じていたように感じられる。"You may say I'm a dreamer" と言うとき聴き手の "you" に語りかける "I" は他の誰であってもだめで、"I hope someday you'll join us" と言うときこの "I" は任意の誰かであってはだめだ。なんとジョン・レノンそのひとの刻印がそこに押されていることだろう。

"Happy Xmas（War Is Over）"をいつ聴いても胸が熱くなるのは、オノ・ヨーコのコンパクトでコンセプチュアルな政治的メッセージの言葉のせいではない。ジョン・レノンの歌詞の流れと歌唱法にこそその理由がある。"So this is Xmas / And what have you done"という出だしから、聴き手はいきなり語り手のジョン・レノンの声の真ん前にいて、そういえばもうクリスマス、自分は何をしただろう……と思うようになる。"And so this is Xmas / I hope you have fun"というメロディの高まりが、"The near and the dear one / The old and the young"という、これ以上シンプルな単語のあり得ないような名指し方とほとんど弾けそうで割れそうになるヴォーカルの響きへと続くとき、一気にこちらの気持が頂点に達してしまう。これこそジョン・レノンじゃないかというふうに、胸が一杯になる。"And so this is Xmas / For weak and for strong / For rich and the poor ones / The world is so wrong"というところまで来て、唐突に「世界はこんなにも間違っている」

という言葉が響くとき、何の留保もなく、そのとおりだ、この世界はこんなにもひどいじゃないかと心底から同意してしまう。よく考えてみれば、"War is over if you want it" というメイン・メッセージは、とても曖昧なものだ。さまざまに対立衝突する国（や政治勢力）どうしには、それぞれに正義もあり、戦争を望んでいるわけでもない。戦争が終わることを切に望む気持ちもきっとある。you と呼びかけられる相手が一緒くたになっているがゆえに、このメッセージは成立している。しかし現実の世界ではこの単純化は受け入れられない。そのことが深く理解されるとしても、このジョン・レノンの録音を聴いていると、それでも戦争が終わることをまず誰もが願い望むことの重要性は変わらないと思えてくる。この歌の言葉がジョン・レノンそのひとによって肉化され、体を与えられ生きて動いているからだ。理想を理想のままにこちらの芯まで沁み通らせるという、ほとんど誰にも不可能なことが、ジョン・レノンによって成し遂げられている。

ジョン・レノンの〈人格〉と言うとき、それは必ずしもアルバム『ジョンの魂』で露わになった「母と父に去られ愛のない少年だった生い立ち」の問題なのではない。人格は語り尽くせず、把握し尽くせない。プライマル・スクリームはフロイト主義的な心理メカニズムに基づく療法だったが（トラウマ・幼少期の痛みを自覚させ吐き出させる）、やはりその心理療法やフロイト的な自我の形成のし方が重要なのではない。"Mother" の最後の叫びは心理療法としてのプライマル・スクリームのフレームを受け入れた上で、それを越え出ていく。ＬＰレコードのＡ面に針を下ろして、"Mother" の開始のあの鐘の音を聴いた瞬間から、何かまったく動かしがたい、特別なという単語すらありきたりに思われるような感覚が引き起こされる。生きたたったひとりのジョン・レノンが、赤裸の心を、まさに「ジョンの魂」を、これ以上できないくらいに開いて示す。彼のソ

ウルに直（じか）に触れているという感覚。何度聴いても（アイフォンでそれだけを取り出して聴いても）、私は思考停止状態になってしまう。心のリアル、とでも言うべきものが表現され得るのならこれがそうだ。"Imagine" もまた、"Mother" を歌ったひとが歌っているからこそこちらの精神の芯まで響く。

　ジョン・レノンの人生（life）。それは世界中で無数に語られ、しばしば本人によってさえ語られた生い立ちや、ポールとの出会い、ビートルズの活動、ヨーコとの出会い、ロスト・ウィークエンド、ハウス・ハズバンド、再出発とその矢先の死といった、わかりやすい伝記的な指標と重なりながら、決してそれらの指標によっては明示されない。もちろんどんな人生もそうだと言うことはできる。それでも人生などは問題にならない音楽は多い。ポール・マッカートニーの歌（録音）の向こうにはジョン・レノ

ンのようには life を感じない。感じなくてもポール
の音楽はよい音楽なのだ。ただそこにジョン・レノ
ンを聴くときのような重みや、抉るような何かが欠
けているというだけだ。たとえばエディット・ピア
フの歌の向こうにはピアフの life が感じられる。そ
のようにジョン・レノンには人生がある。いいか悪
いかではなく、ただそうなのだ。

　ジョン・レノンの life を私たちはどうやって知る
のか。伝記的な情報や彼（とオノ・ヨーコ）自身の
インタビューからだろうか？　たとえばジョン・レ
ノンの最後の年に彼の秘書として誰より身近に付
き従っていたフレデリック・シーマンの回顧録 *The
Last Days of John Lennon* は、捏造とは思えないよ
うな具体的な細部とともに、ジョン・レノンの私生
活について詳細に知らせる。それは彼が公けに発表
したアルバムのイメージをときとして大きく揺るが

し壊すような出来事に満ちている。だが逆説的なことだが、私たちにとって貴重でかけがえがないのは、実生活においてかけがえのない単独な時間を生きていた生身のジョン・レノンではないのだ。そうではなく、あくまでも作品として発表された彼の表現を通じて浮かび上がるジョン・レノンの方こそ、私たちにとって何よりかけがえのない貴重な存在なのである。作品から現れる彼の像は、受け手によってまちまちのものだし、大きな歪曲や曲解の反映でしかないものも多数含むことになる。それでも、私たちにとっての〈ジョン・レノン〉は、彼が世の中に発した作品によってリアルなものになる。それ以外のあり方がない。だから私は彼が隠したかった出来事の伝記的挿話を重視しようとは思わない。彼の表現から浮かび上がるものとして、ジョン・レノンの〈人生〉を受けとり、それとの対話をしたい。それは誤解ではなく、ただ〈唯一の正解〉はないというだけのことなのだ。私たちはそれぞれに誠実にジョン・レノンの作品と向かい合い、自分にとって真実だと思えるようなことがらを明らかにするしか

ない。伝記的な指標を無視してよいということでは
ない。作品がそれと重なり合っている限り、どうし
ても考慮しなくてはならない伝記的なことがらが存
在する。それでも彼が録音して遺した曲やアルバム
が、そもそも私たちが彼にこだわる理由のすべてな
のだ。だから傍らにいたオノ・ヨーコの知るジョン・
レノンがいつも私たち聴き手の側のジョン・レノン
より正しいとは言えない。ジョン・レノンの手を離
れた彼の表現を理解するのが大事だからだ。

　ジョン・レノンの人生ほど〈実験〉という言葉が
似合う人生はない。アーリー・ロックンロールとは
異なる〈ロック・バンド〉の形態を作り上げていっ
たビートルズ時代も、そこで次々に試された新しい
音楽も、LSD を中心としたドラッグ体験も、イン
ドが体現していた東洋的な瞑想も、オノ・ヨーコと
の前代未聞のコラボレーションによる冒険も、ヨー

コによる計画的とも言える別居生活も、『ダブル・ファンタジー』のカップル相互の表現の一体化の試みも、ほとんどが〈実験〉だった。と言うよりジョン・レノンというひとの生き方がたえまない〈実験〉だった。彼ひとりのその〈実験〉は、結果的には1980年12月8日の死に方にまで及んでいるように見える。その軌跡が限りなく私たちに思考を促し、さまざまに範例と化してゆく。それを定まった教科書のように考えるべきではないが、自分が現に生きているそのときどきで、いつも対話の関係に入る存在として、ジョン・レノンはいる。

　"love & peace" は1960年代のカウンターカルチャーの標語だったから、それを逆にして "peace & love" にしたとしても、ジョン・レノンという唯一の存在を規定する言葉にはならない。それ自体は空っぽの記号だ。love なら love、peace なら peace

という単語にどのような実質を与えるかは、それぞれが自らの生（の経験）によって試みるしかない。ジョン・レノンの人生をこの標語の実体化の試みとして考えるのではなく、むしろ彼ならではの love のあり方を考える必要がある。それは彼とオノ・ヨーコの関係を考えることに、否応なくつながっていく。

[２] 『ジョンの魂』

　アルバム『ジョンの魂』に収められた "Love" は、個が誰かひとりの相手を愛するときの気持ちを、これ以上なくシンプルな言葉で表現している。あの英語、あの表現を、どうやっても日本語に翻訳することができない。どう訳してもまったくと言っていいほどに別なものになってしまう。単純、というのとは違う。何度でも繰り返し聴く（読む）ことができる詩。日本語の世界で言うなら、まどみちおの詩（や歌詞）のようだ。もちろん "Love" を聴くときに働きかけてくるのは言葉だけではない。あのメロディ、あのヴォーカル、あのピアノ、あのフェードインとフェードアウト、あのすべてが一体となって、唯一無二の曲になっている。その上での話だが、"Love is wanting to be loved"、"Love is asking to be loved"、"Love is needing to be loved" という歌詞が示すのは、自分から愛するだけではだめで、love が満たされるためには相互に相手からも愛されねばならないということだ。その点で、もしもその相思相

愛が実現できなければ、おそろしい欠如を抱え込むことになる。その意味でこれはかなしい歌だ。この双方向性、こちらが愛するだけでなく、相手からも愛されねばならないといういわば要求のはげしさは、幼児や子どもの、親への求めでもある。その点でそれは一行目が言うように "real" なのだ。

"Love is feeling, feeling love"、"Love is reaching, reaching love"、"Love is living, living love" というラインは、下手くそに訳すと「愛は感じること、感じる愛」、「愛は手を伸ばすこと、手を伸ばす愛」、「愛は生きること、生きている愛」のようになってしまう可能性を持っている。これらのセンテンスは、こちらもまずい訳になるが、「愛は感じること、愛を感じること」、「愛は手を伸ばすこと、愛へとつながること」、「愛は生きること、愛を生きること」のように、同語反復的に意味がループするととるべきも

のだ。愛を感じることが愛であるとすれば、この文は "Love is . . ." と言いながら、何も規定していない。"feeling love" の目的語としての "love" が何かが語られていないからだ。(この文が「愛とはこれこれである」という定義型の表現であることは、サビの "Love is you / You and me" の部分からあきらかだ。)だからジョン・レノンはこの歌詞（言葉）で実は愛の定義をしていない。ただそれはこのように言うしかない感情の状態なのだ。それが "Love is real" という事態なのだろう。

　しかし "Love" のサビの部分、"Love is you / You and me / Love is knowing / We can be" は感情ではなく、この四行がワンセットになってある思想を示している。love が you だというのは感情だとも言えるが、"you and me" だと言うとき、他者同士の二人が向き合い、共存し共に生きることが love だと

いうふうに love が対象化されている。〈わたし〉と〈あなた〉というカップルの二人称的な関係は、それ自体は欠如のない閉じたゾーンを生み出す。しかし love とは "we can be"、〈わたしたち〉という在り方が存在できるのを "knowing"「知る」ことである、とあえて言わねばならないのは、実は「愛」の二人称的な閉じた関係が現実には永続するのがむずかしいという感覚があるからではないのか。ジョン・レノンは "we" という主語で表される主観の状態が、"can be" つまり存在することあるいは続くことが可能であってほしいと言っているのだと思う。この願いは彼が死ぬまで続いた。1980 年に彼がつかんだイメージは "double fantasy"、つまり二人の別個の人間たちがそれぞれの幻想（想像あるいは妄想でさえ）を一つに重ね合わせるというあり方だった。そのように we は be できる、と言いたかったのだ。そのように二人で know すること、その相互的な自己認識に至ることが love ではないかと、"Love" はよわよわしくかぼそく、ささやくようにしかし力強く、告げている。

アルバムとして『ジョンの魂』はジョン・レノンのすべてのキャリアの中でまったく特別なものだ。ビートルとしてのアイデンティティと決別し、ヨーコと二人で生きる自己こそがほんとうの（あるいはリアルな）自分だと宣言していること。アーサー・ヤノフの「プライマル・スクリーム」を触媒として、自分の人生の〈原点〉を自認し、彼が最もベーシックだと思う要素を表現していること。コンパクトで無駄のないバンドによるサウンドと、ジョン・レノンのヴォーカルをあのように独自に響かせたフィル・スペクターの戦略。さまざまな要因を考えることはできるが、それらすべてを含みこんで、当時のジョン・レノンの生命力が極みまで働いた結果であると私には思える。ジョン・レノンの命のあかし、と言えば表現としては陳腐で古くさく響くが、しかしそう言うのが一番いいと感じる。このアルバムの

ジョン・レノンは、最も〈嘘〉のない自分、最も
naked な自分をさらけ出している。比べれば次のア
ルバム『イマジン』でさえ、ある種の粉飾が混じっ
ているように感じられる。"Gimme Some Truth" の
表現で言えば、『ジョンの魂』にこそ掛け値なしの
truth(s) が刻印されていて、『イマジン』になると
彼の関心はもっと外へ、もっと世間の眼へと向いて
いる気がする。

　『ジョンの魂』の "Look at Me" があのメロディ
とあの小さなヴォーカルによって呟く言葉には、
"Love" にも "God" にも通じる重要なポイントが見
出される。"Look at me / Who am I supposed to be?
/ Who am I supposed to be?" で始まる自問は、ジョ
ン・レノンのアイデンティティが、ひとりきりでい
るときには不安定に揺れていたことを示している。
"Look at me" という他者の眼差しの要請は、小さい

子どもなら誰にも切実なものだ。"Look at me / Oh my love" はその眼差しの相手が自分の恋人であることを示す。この歌の中では Yoko の名は現れないが、それは "you"、つまり二人称で呼びかける関係だからなのだ。"Here I am" とジョン・レノンはくりかえし言う。それはいまだ何者でもない、いまここにたしかにいる自分だ。それが〈だれ〉であり〈なに〉であるかを決めるのが "you" だから、"Look at me, oh please look at me, my love" という懇願は、とても切実なものになる。"Who am I? / Nobody knows but me" と言うジョン・レノンは、そこで終わることができない。"Who am I? / Nobody else can see / Just you and me / Who are we? / Oh my love oh my love" まで行くのだ。自分が〈だれ〉かはヨーコと自分の二人が決める。そこから切れ目なく強く歌われる "Who are we?" は、ヨーコのアイデンティティもまた二人が決めるという以上に、"we" と呼ばれるひとつのアイデンティティを決めるのが二人の眼差しであることを意味する。

自分を自分ひとりの眼差しで決められるのが大人だとしたら、"Look at me" において、愛するひとの眼差しがないと自分が決まらないことは、ある幼さ、子どもの心を示していた。一方、ビートルズの一員としてのアイデンティティを敢然と否定する"God" にその幼さはない。世界中の人びとの視線を押し返す自意識は、強い自己主張をする主体を前提にしているからだ。だが "I don't believe in . . ." という文のくりかえしの果てに、"I just believe in me" という自己への信頼を宣言する言葉が現れて、そこでこの曲が終わらないところにつながりがある。"I just believe in me / Yoko and me / And that's reality" とリスナーに告げるジョン・レノンは、"Love" でも "Look at Me" でも告げていたポイントに立ち帰る。

"God" ほどカタルシスを与える録音はない。それ
までのすべてを終わらせて、そしてすべてを始める
こと。聴くたびに私はジョン・レノンと一緒に自
己の死と再生のドラマを経験するような感覚を抱
く。そこで否定されるのは、自分の外のなにか確固
たる支えとなるものに自分を委ねることであり、そ
れで自分の pain をなかったものにすることだった。
"I don't believe in . . ." というフレーズの反復で拒絶
されるものが、やがて "Elvis" になり "Zimmerman"
（ボブ・ディランの本名）になり "Beatles" まできて
静止するとき、このリフレインが一般論などではな
く、ジョン・レノン個人にとってまったく切実な言
語行為であるということが痛いほどわかる。"I just
believe in me / Yoko and me / And that's reality" と
いう宣言において、"me" を言い直して "Yoko and
me" と言うところがジョン・レノンなのだが、ヨー
コは彼にとって他者だ。ジョン・レノンは自分の信
じるもの、拠って立つものを半分は他者に委ねた、

そう見ても間違いではないのだ。

　自らが拠って立つ基の半分はヨーコであるということは、これ以後のジョン・レノンの表現はほとんどいつも〈倫理〉のフィールドで現れるということだ。二人の愛し合うカップルには二人称的な見つめ合いしかないのだと言うなら、それはたとえばレヴィナスの言う意味では倫理的ではないだろう。しかしジョン・レノンはオノ・ヨーコとの love を歌うどの曲でも、愛の恍惚状態、主体が溶け合うエクスタシーを歌ったことはない。そして、少し長く他人と一緒に生活をした者ならば、カップルのパートナーが自分の都合とは無縁に生きる〈他者〉だということは容易に体で理解していることだ。オノ・ヨーコはジョン・レノンがいつも対峙し、交渉し、ときに対立し、ときに平和な時間を持つ、自分の都合には絶対に従わない他者だった。死に至るまでの

最後の 10 年間、ジョン・レノンの主体はいつも自分の〈半身〉であるはずでありながらそうでない〈他者〉に対して、無防備に開かれ続けた。民衆・ひとびとと向き合うのは抽象的な分だけたやすい。同化できない他者と向き合ってどう生きるか、その生き方自体が、最後の 10 年のジョン・レノンの表現の焦点だった。

　"Isolation" は「孤独」あるいは「孤立」という意味だろうが、ここで孤立して孤独を感じているのはジョン・レノンではない。"People say we got it made / Don't they know we're so afraid / Isolation" と言うのだから、孤立しているのは "we" としての「ジョンとヨーコ」だ。"We're afraid to be alone" の "alone" は、後の "(Just Like) Starting Over" の "Let's take a chance and fly away/ Somewhere alone" の "alone" と同じ、「ふたりきり」のこと。"Just a boy and a little girl / Trying to change the whole wide world" というのは二人分の自己像で、この自意識は他者たちの視線の反映・照り返しだから、その分だけ "Isolation" は「よそゆき」の言葉になっている。ビートルズ時代の「ジョンとヨーコのバラッド」が既にそうだった。1970 年代後半、ジョン・レノンは自分とヨーコの物語をミュージカル化する夢を抱いていたと言われているが、この二人分の自己劇化（ヒーロー化）の欲望には付き合えない気がする。

"Working Class Hero" にも同種の自己の「ヒーロー化」があらわれている。初期ボブ・ディランのフォーク・ソングのような形式と内容を持ったこの曲は、マルクス主義的なイデオロギーを共有する者からは意義深いと見なされるかもしれない。たしかにジョン・レノンはイギリスの労働者階級の出身だった。だが「労働者階級の英雄になるのは大変

だ」という言い回しとちょっと気だるい歌い方には、階級意識を梃に闘うことへのある種の揶揄が感じられる。そして "If you want to be a hero / Just follow me" という締めくくりは、社会的な階級の問題をはずす働きを持っている。だがこの言葉（メッセージ）は "God" の最後の箇所と矛盾するのではないだろうか？ "God" で "The dream is over" と言い "I was the Walrus / But now I'm John" と言うジョン・レノンは、"And so dear friends" と彼のフォロワーたちに語りかける。"You'll just have to carry on / The dream is over"——自分はもうただのジョンになった、君たちもそれぞれにがんばれというメッセージは、"Working Class Hero" の最後の「ヒーローになりたければぼくについてこい」という言葉とは矛盾するように見える。実はこの矛盾を矛盾としない道がジョン・レノンの道だった。おそらく "God" において彼は、自らのフォロワーたちを突き放しているのではない。自分が世間（世の中）によって押しつけられたアイデンティティのラベルをはがして、リアルな "Yoko and me" に拠って立つことにし

たように、そのように君たちもがんばれと言いたかったのだ。ただの自分になれという呼びかけは、あらゆる dream の終わりを告げるものではなかった。ジョンとヨーコのふたりが "we" として生きるという次の dream が始まる。聴き手にはそのように、love を基にした自分たちの夢へと進んでほしい。彼のあとを追うことがそれぞれが自分になることだとも言えるし、逆にそれぞれが自分になるために「ジョンとヨーコ」のモデルを参照せよと告げているとも言える。このメッセージの両極性、受け手の側からすればその両極の間の揺れが、1980 年12 月の死にいたるまでジョン・レノンには付きまとっている。

　それはビートルズの神話とは別の、新たな〈理想的なペアの神話〉を創ることだった。しかしこの神話はフォロワーをしばしば不幸にする。ジョンに

とってのヨーコのような love の相手は現実には存在しがたいからだ。ほんとうはひとりで生きてもいいのだ。ボブ・ディランの "Like A Rolling Stone" がひとを励ますのがこの場所なのだ。ジョン・レノンには理想のペアの相手がいたというのは真実だろうか？　おそらくつぶさに見れば、このカップルにも不和、ずれ、軋みがあったし、その日常が常に幸福だったかどうかには疑問も生じる。だがすべてを信じない、ただ "Yoko and me" だけを信じるという "God" の宣言が、その初発のときにおいてリアルであり胸を打つことは否定できないし、これ以上なくすばらしいのもたしかなのだ。その初発のリアルだけは忘れたくない。その関係がたとえあとでは破綻しても惰性に堕してもほんとうはかまわない。

『ジョンの魂』のリーダーとしての言葉遣い。たとえば "Remember" での "Remember when you were young . . ." という命令形は、たしかに "Just follow me" と言わんばかりのトーンをたてる。しかしサビのくりかえし、"Don't feel sorry / 'Bout the way it's gone / Don't you worry / 'Bout what you've done" は、リスナーたち以上に自分自身に向けて語られた言葉であるように聞こえる。そうだとすれば、「思い出せ」という命令はまず誰よりも自分に向かって語られている。気が強かったようで実は弱気や不安になりがちだった不安定な自我を抱えたジョン・レノンならではの構造だ。そうだとすれば、自信をもって俺についてこいというニュアンスではなく、聴き手よりも自分に言い聞かせるようにメッセージが存在していることになる。

　『ジョンの魂』の自己劇化の言葉もまた、実は「ジョンとヨーコのバラード」とは違って、もっと切実に、自分を説得するために発せられたと考えら

れる。"Isolation" の始まりの弱々しいヴォーカルの響き、それが曲の後半に至って "I don't expect you to understand" のヴァースから世間への反転攻勢に出るように強いヴォーカルに変わるとき、その先の聴き手としてまずジョン・レノン自身がいたとも思えてくるのだ。"Well Well Well" の歌詞もまた、"I took my loved one out to dinner . . ." や "We sat and talked of revolution . . ." のように「ジョンとヨーコ」の体験を物語るが、"We both were nervous feeling guilty / And neither one of us knew just why" までいくと、英雄たちの神話ではなく、聴き手の存在などなくてもかまわない、呟きのような語りだと思われてくる。

　自分に言い聞かせる言葉。それは "Hold On" において露わになっている。"Hold on John, John hold on / It's gonna be alright" という始まりが自らを励

ます呟きであることは自明だけれど、続いて "Hold on Yoko, Yoko hold on" とヨーコを励ます言葉になり、更に "Hold on world, world hold on / It's gonna be alright" と続いていくと、あたかもジョン・レノンが誇大妄想的に世界中の人びとを元気づけようとしているように見える。しかしおそらく最後で "And when you're one / Really one / Well you get things done / Like they never been done / So hold on" と言って、人びとが「ひとつ」になることを促す連帯の言葉は、実は誰より前に自分自身に語られていたと受けとることができる。ある言葉が他人たちをリードする言葉でありながら自分への言葉であるかもしれない、そういう瞬間を持つところに、『ジョンの魂』の説教臭さを免れた特質がある。

　"I Found Out" でジョン・レノンは何を発見したことになるのか。"I told you before, stay away from my door / Don't give me that brother, brother, brother, brother" という始まりの「前にも君たちに言っただろ」というのは、おそらくはビートルズ時代の "Revolution" への言及だろう。戦闘的な政治活動の仲間のように自分のことを考えるな、という「ノー！」は、"I found out!" の宣言へと進んでいくが、そこで見出された truth は、"Now that I found out I know I can cry" に集約される。最後の "No-one can harm you; feel your own pain" と響き合うそのメッセージは、「他人たちが自分について何を言おうとも、またどんな宗教的なグルも、自分を汚したり動かしたりできない、なぜなら自分は自分だけの苦痛を感じて、泣く（吐き出す）ことができるから」というものだ。"God is a concept by which we measure our pain" という "God" の開始の言葉もまたここにつながる。そしてアルバム最後の "My Mummy's Dead" もその痛みの自認のかたちだった。『ジョンの魂』が他のアルバムと違うと感じさせるのは、この "pain" という部分だ。それはネガティヴなことではない。ひとは自分だけの pain を感じ

とることができる。それが他ならぬこの自分が生きているということのあかしだ。だから自分の pain を愛せ、傷を愛せ、という認識がそこにある。それはきわめて深く、また普遍的なものだ。ここに痛みを感じている人間がいるということ。それゆえに私たちはジョン・レノンを信頼する。

　"Mother" の最後の叫びを聴くと、ジョン・レノンがアーサー・ヤノフのプライマル・スクリームに対して、とても素直だったことがわかる。それは、同じときに同じ療法を受けたオノ・ヨーコのアルバム『ヨーコの心／プラスティック・オノ・バンド』冒頭の "Why" と聴き比べたときに、いっそう明確になる。オノ・ヨーコのヴォーカルはどこまでも彼女の自我によってコントロールされており、ジョン・レノンの叫びのような、リミッターを外したような響きをたてることはない。アルバム『「未完

成」作品第2番』のA面、"Cambridge 1969"の凄まじいライヴにおける彼女の叫びでさえ、〈人間ばなれした異様な声〉を（まるで楽器のように）出そうとする意図のもとに制御されているように聞こえる。ジョン・レノンはインドのマハリシ・ヨギに対しても素直すぎるほど素直だったし、ボブ・ディランの影響についてもそうだった。オノ・ヨーコは何があっても変わらない。揺るがぬ自我を持っている。それと対照的に、ジョン・レノンは、相手の作用に完全に自分を開いて変化することを、厭わないと言うよりむしろ望んでいるように見える。それは彼の自我が強固な要塞のようではなく、不安定なものだったことを表しているのかもしれないが、必ずしもそのように考えなくてもよい。ロックンロールと出会って身も心ももろとも没入するところから、ジョン・レノンの〈実験〉としての生は始まっている。見る前に跳べ。受け入れるときは全部、留保なしに没入する。それは賭けへの決意であり勇気なのだ。

ロック・アーティストの表現という点では、実は
ジョン・レノンはオノ・ヨーコの影響をほとんど受
けていない。自己の中心には一貫して 1950 年代
半ば以降のアメリカのロックンロールがあった。ア
ルバム『ロックンロール』こそが、彼の音楽的ア
イデンティティの宣言だった。ベン・E・キングの
"Stand By Me"の原曲とジョン・レノンのヴァージョ
ンとでは、もちろん後者が圧倒的にすばらしい。そ
のヴォーカルには彼の生存（いのち）のすべてがか
かっている。ジョン・レノンの〈存在〉が聞こえる。
たしかにオノ・ヨーコはものの考え方、思考法、社
会や人生の捉え方においてジョン・レノンに深く影
響した。「深く」などというありきたりな言い方で
はあまりに足りない。ジョン・レノンはオノ・ヨー
コによって自分の OS を書き換えたとさえ言える。
その意味ではヨーコは本当のグルだった。"WAR IS
OVER! (IF YOU WANT IT)" という簡潔で標語的で

一瞬で伝わる言葉の形も、「ベッド・イン」という
ハプニング風のパフォーマンスも、オノ・ヨーコに
よって発した。ジョン・レノンという存在の影響力
を最大限にひき出したオノ・ヨーコの貢献を軽視す
ることはまったくできない。しかし……。

　オノ・ヨーコのアートは〈コンセプチュアル〉だ。
この言葉は彼女の行動と思考のすべてにおそらく当
てはまる。頭脳的、概念把握的。理屈（ロジック）
ですっぱりと〈割り切る〉こと。それはとても骨
ばっていて、肉がない。たとえば *Grapefruit* は命令
文の集積だ。"Imagine one thousand suns in the sky
at the same time." は、空に千の太陽が同時に出てい
るのを「想像してみて」とも「想像しましょう」と
も訳せるが、命令文なのだから「想像せよ」とも訳
せる。命令文とは話し手の側の〈法〉を打ち出すも
のである。それをたとえば〈権力的〉と呼んでも〈父

権的〉とも〈男性的〉とも呼んでいい。このことは必ずしも批判されねばならないことではないだろう。決断をし、指示を出すことも世界には必要であるからだ。ジョン・レノンは 1970 年代後半、ヨーコのことを「マザー」と呼んでいた。それは彼女が実際には「ファーザー」だったからあえてそう呼ぶのだと彼が語ったという話があるのだが、ヨーコはジョンのマザーでありかつそれ以上にファーザーだったと見なしていい。オノ・ヨーコという〈父〉によってジョン・レノンはジョン・レノンとして生きたし、それが彼の揺るがない意志だった。彼にはそれ以外の生き方は考えられなかった。

[3] 『イマジン』

　『ジョンの魂』に比べると、意図してポップであることを狙ったアルバム『イマジン』は、外へと茫漠と広がろうとしているといった印象を生む。ポップさを狙ったからそうなのだということでは必ずしもないだろう。ファースト・アルバムでジョン・レノンは表現すべきことは表現しきってしまった。だから「その次」の方向は明確にはならなくて当たり前なのだ。これは貶める言葉ではない。むしろそのことによって、『イマジン』はジョン・レノンのソロ・ワークの中で、最も魅力的なものだと受けとめる人びとを生んだだろう。そこではアレンジャーとしてのフィル・スペクターの貢献がはかり知れない。タイトル・ソング "Imagine" を除けば、アルバム『イマジン』には、"Jealous Guy" と "Oh My Love" と "How?" のソフトなメンタリティーと、"Gimme Some Truth" や "I Don't Wanna Be A Soldier Mama I Don't Wanna Die" や "How Do You Sleep?" の激しく強いメンタリティーとの両極がある。ともに『ジョ

ンの魂』にもあったと言えるが、そこではそれらは
乖離していると感じられない。ポイントは、『イマ
ジン』には前作にあった〈自己とは何か〉の問い
つめがないということだ。『イマジン』には pain が
ないと言ってもいい。そしてどの曲にも、まず自
分を説得するために表現されたという印象がない。
『ジョンの魂』と『イマジン』をワンセットにして
考えるなら、この移行はジョン・レノンの意欲の拡
大として必然的なものだった。

　ポール・マッカートニーを揶揄したことが明白な
"How Do You Sleep?" は、主題的には例外的な曲で
ありながら、アルバム中きわだってジョン・レノン
の衝動的なパッションを表すすばらしい曲であり、
彼が内に抱えこんでいたカオス的な衝動を最もむき
出しにしている。愛するヨーコに向き合っている
"Jealous Guy" や "Oh My Love" のサウンドが、自ら

の内なる暴力性を一切抜き取ったものになっている
のと対照的に、外に向かって敵対的な姿勢を示す
"How Do You Sleep?" にはその暴力性がある。ビー
トルズ時代には、この外へと向かう対抗的な衝動が
ジョン・レノンの魅力の一つをなしていたと言える
だろう。内なる暴力衝動の吐き出し。『ジョンの魂』
では〈世界に向かって自己が発する叫び〉としてそ
れが表現されていた。その段階は終わって、もし
ジョン・レノンが平和の基盤となる〈愛〉を伝道す
ることを自らに課すならば、この暴力性は押さえこ
まれねばならない。『イマジン』がフィル・スペク
ターのアレンジによって甘く耳あたりのいいサウン
ドに仕立てられていることは、この問題と結びつい
ている。

　五年くらい前になるか、一人旅でアメリカのケー
プコッドの突端の町プロヴィンスタウンにいて、近

づく嵐から逃げるように、予定を早め、ぎりぎり出発するバスにあわてて駆けこんで、たまたまアイフォンに入れていた "Imagine" を聴く気になってそれが耳に響き始めた途端、ふいに涙が出そうになったことがあった。不安定な状況が余計にそれを深く沁みこませたのだろう。そのとき「これを忘れてはならない」という強い想いが心身を貫いたようだった。「これ」が何かは自分でも把握できなかったし、いまでもそれが何かを言い当てることができない。いやたぶん「それ」を言語化する行為そのものに抵抗があるのだと思う。

　"Imagine" を聴いて、"I hope someday you'll join us" という誘いかけに対して、全面的に同意するということは、いまの自分にはないように思える。"country" というものはない、"possessions"（所有物）というものもない……そうならどれだけいい

だろう。だがその〈想像〉はできそうにない。"No need for greed or hunger / A brotherhood of man"、"All the people / Sharing all the world" というのは想像できる。そうでなければ、と思える。"Nothing to kill or die for" も素直に肯える。しかし国と所有はなくならないのではないか。もちろんジョン・レノンもわかっていただろう。わかっていてあえて、不可能なことを imagine せよと言った。メロディと歌唱とサウンドの響きが聴き手をある種の放心状態にする。hypnotic という言葉があるけれど、聴く者を催眠にかけるように、mesmerize するように、それは作用する。つまり "Imagine" はマジックなのだ。それはジョン・レノンが世界にかけた最高の魔法だった。

"Jealous Guy" は "I didn't mean to hurt you / I'm sorry that I made you cry" と言うのだから、「嫉妬」

の感情で相手に攻撃的になった自分を謝っている。〈オノ・ヨーコに謝るジョン・レノン〉という存在のし方は、これ以後死ぬまでずっとひとつのパターンとなっていく。そこにはいい点と悪い点がある。いい点は、男性主体が自己否定の契機を持つということだ。いつも自分が正しくて図に乗っている主体をどうして肯定できるだろう。だが好きな女性への謝罪という感情が、関係の中で恒常的なインデックスのようになるとき、相手に対して卑屈になって、互いを対等に遇する相互性はどこかに追いやられてしまう。アルバム『イマジン』ではこの側面はまだ現れていない。それが現れるのはアルバム『マインド・ゲームス』の "Aisumasen" においてだ。"Jealous Guy" には自己処罰的な感情だけでなく、そのようなやきもち焼きの自分を肯定するナルシシズムも強く出ていて、その分だけ幸福な歌になっている。その感覚はとりわけ、曲の後半のあのかぼそくもたしかな口笛の響きによって強まる。ひとがいつでもひとりであんなふうに口笛を吹いていられればいいと思う。ここでは自己愛はむしろ肯定されるべきもの

であるように感じる。聴き手はジョン・レノンと一緒になってある種のカタルシスを得て、自己を肯定する。

　『イマジン』におけるよきナルシシズムは "Oh My Love" にも顕著だ。オノ・ヨーコと出会った頃、ジョン・レノンにはシンシアという妻がいた。シンシアの前にも彼が愛した女性はいたに決まっている。にもかかわらず、ヨーコのことを "Oh my love for the first time in my life" と言い、"I see the wind, oh I see the trees / Everything is clear in my heart" と歌うのは、たとえばシンシアの身になって考えれば、身勝手な話だろう。だがこれまでの恋愛経験がどんなものであっても、自分の（今度の）恋が「人生初めての恋」に思えるという主観的な高まりはもちろんある。それが他人からはどれだけお目出たいものと映っても、その恋愛経験を自らの人生の区切

りとも再出発とも見なそうとするひとの決意は、他人が否定してはならないものだ。だからアルバムの最後で "Oh Yoko!" とひたすら好きな感情だけを歌いあげて聴き手が少し白けてしまっても、そのときその場の幸福は表現されてよいし、聴き手もかつて、あるいはこれから、同じような幸福感を味わった（味わう）ことを、それは寿いでいるのだと受けとられる。

　"Gimme Some Truth" の "truth" とは何かは、歌詞の中で直接には語られない。"narrow-minded hypocritics"、"pig-headed politicians" でないもの。"money for dope"、"money for rope" はどちらも麻薬のための金という意味だろうが、ジョン・レノンらしい語呂合わせで、正直に物を見ることができなくさせるもの。そうでないものがほしい。"Schizophrenic, ego-centric, paranoic primadonnas"

という言葉では、エゴに狂って常軌を逸している者たちが揶揄されている。後にボックス・セットに収録された「テイク4」を聴くと、ジョン・レノンはまるで呪詛するように truth のない者たちを拒絶していて、そうしなければ窒息してしまうかのようだ。彼から見て「違う」と思うものの列挙——「ベッド・イン」のときの録音 "Give Peace A Chance" ならばみんなが議論していると言われる "Bagism, Shagism, Dragism, Madism / Ragism, Tagism, This-ism, That-ism / -ism, -ism, -ism" という存在しない「イズム」の羅列。"Revolution, evolution / Mass inflation, flagellation / Regulation, integration / Meditation, United Nations / Congratulations!" まで来ると、結局は "Everybody's talking 'bout" の目的語に来るどんなものでも、とりあえず脇にどけられていると思えてくる。"Give Peace A Chance" では「平和にチャンスを与えよ」というシンプルなメッセージを妨げて物事を複雑にするようなものは、みなリアルではないのだ。そこから "Gimme Some Truth" に戻れば、結局「真実」とは言説そのもの

ではなく、誰がそれを言うか、どんなときに言うか
という条件に掛かってくるものだと言えそうだ。だ
から "Gimme Some Truth" とは、ジョン・レノン
に「真実」だと感じさせるようなことを言うひとに
なれ、と告げる曲でもあったのだと思う。もちろん
それは逆に、ジョン・レノン自身がいつも「真実」
を言う者だと問わず語りに自認することだ。その意
味ではこれは自分の退路を断つような歌でもある。

[4] 『サムタイム・イン・ニューヨーク・シティ』

　アルバム『サムタイム・イン・ニューヨーク・シ
ティ』が示すのは、ジョン・レノンと〈アメリカ〉
との結びつきであり、〈アメリカ〉がジョン・レノ
ンを身ぐるみ包みこんだ様相だ。この〈アメリカ〉
はとりわけジェリー・ルービンやアビー・ホフマン
が体現する極左のアメリカで、媒介になったのは
オノ・ヨーコの〈政治性〉だった。オノ・ヨーコ
は 1968 年 8 月に来日した折にはブラック・パン
サー党の党員と一緒にいたという話があるが（立川
直樹、『ラプソディ・イン・ジョン・W・レノン』、80 頁）、
60 年代のアヴァンギャルドのアート・シーンだけ
でなく、反アメリカ政府の政治的フィールドとも関
わりがあったとおぼしい。彼女自身の政治的な主張
はマルクス主義的なイデオロギーと結びつくもので
はなく、むしろユートピア的な夢想と呼んでよいも
のだったから、ニューヨークのグリニッジヴィレッ
ジに住みこんだ二人を利用したのはルービンたちの
方だったのだが、オノ・ヨーコの作用が後押しして、

ジョン・レノンは自らの自覚的選択として向こう見ずに政治的ラディカリズムへと身を寄せていった。彼にとっての〈ニューヨーク〉および〈アメリカ〉がそのような政治性として現れてしまったことは、他人がどう思おうとしかたがないにせよ、やはり残念なことだった。

　『サムタイム・イン・ニューヨーク・シティ』はやはりジョン・レノンが積極的に付き合う相手の影響に対して、あまりに素直に開かれていたことの証左としてある。ここでも彼は自分が行けるところまで、とことん行ったのだ。『ジョンの魂』の "Working Class Hero" が政治的メッセージ・ソングとしてあまり買えないように、大きく言えば、このアルバムのメッセージそのものをすぐれたものだと捉えることはできない。オノ・ヨーコとの共作になる曲が多く、デュエットとも言えるほどヴォーカル

面でも二人で分かち合い、ヨーコ単独の曲も挟まれたアルバムの構成は、ベッド・イン以降の二人の共同の政治行動の成果であり凝縮だった。ビートルズ時代の曲 "Revolution" で、毛沢東主義者らに対して自分のことは勘定に入れないでくれと言っていたジョン・レノンが、"Attica State" では "Now's the time for revolution" と言い、"Come together join the movement" と抗議の直接行動をアジっているのだが、その言葉はとても浅くて、彼でなくても、誰でも言えるような文句になっている。"Sunday Bloody Sunday" の "You claim to be majority / Well you know that it's a lie / You're really a minority" とアイルランド人を弾圧するイギリス軍を批判する言葉もまた、決して悪いわけではないが、単純で浅い。初期ボブ・ディランの「プロテスト・ソング」の言葉の高度な用い方と比べれば、この頃のジョン・レノンには自らの歌詞の洗練など問題ではなかったのだと思わされる。ジョン・シンクレアやアンジェラ・カーターの支援を目的とした曲にしても、「あってもいいけど、なくてもいい」ように聞こえる。だ

が、もちろん逆に、そのように直接行動を第一に考えて音楽活動をすること自体をよしとする立場から見れば、言語表現の洗練などはくだらないという話になる。つまり「『サムタイム・イン・ニューヨーク・シティ』を作り得たことにこそジョン・レノンの栄光がある」ということだ。私はその見方には賛成しない。それではこのアルバムがくだらないかと言えば、そうは思わない。単独の作曲になる "John Sinclair" のサウンドやヴォーカルはすばらしいし、唯一政治性とは無縁とも言える "New York City" のチャック・ベリー風のロックンロールサウンドは生き生きしている（歌詞で言及されるのはリトル・リチャードのナンバーだが）。ニューヨークに到着したらジェリー・ルービンに迎えられてあっという間にいまのような状況に至った仔細を物語るバラッドであるこの曲は、他のすべての曲の成立の理由・背景の説明になっていて、ジョン・レノンとしてはどうしてもこれをアルバムに入れなければならなかったのだろう。それを彼自らの状況のドキュメントだと捉えるならば、ジョン・レノンがニューヨークと

いう街にどれほど興奮し、どれほど心が浮き上がる感覚を抱いていたかがよくわかる。そちらの感覚の方がむしろ政治的な側面よりもたいせつだ。ニューヨークはジョン・レノンにとって特別な場所だった。その昂ぶりがとった形態として極左的政治性があったとさえ言える。

　『サムタイム・イン・ニューヨーク・シティ』のアルバム・コンセプトはジャケットのデザインに凝縮して表れている。時事的に生じる社会の問題とそれに対する意見の表明としての〈新聞〉。とりわけ "Woman Is The Nigger Of The World" という曲のタイトルは、これ以上ないキャッチーな見出しとしてきわだっている。オノ・ヨーコの言語表現が最も冴えわたった例で、ジョン・レノンとの共作であるこの曲こそ、このアルバムが存在する一番の理由であるように思える。"nigger" は当時から差別語として

あり、それを差別を受けている側に立ってあえて用いるやり方は、後のラップのリリックにも通じるすぐれた発想だった。オノ・ヨーコがブラック・パンサーの幹部らとも知り合っていたらしい事情を考えても、ここにはアメリカ黒人の差別を助長する意図も、結果的な悪影響もない。簡潔なこのフェミニズム的なメッセージが、いまだに世界中いたるところに当てはまってしまうということを考えれば、ジョンとヨーコのメッセンジャーとしての表現は屹立していて、その重要性ははかり知れない。この曲がオノ・ヨーコの思想の表現であるとしても、同時にその歌詞は男性主体の側からの言葉として語られている。"We make her paint her face and dance / If she won't be a slave, we say that she don't love us / If she's real, we say she's trying to be a man" は、トランプのような人間が各所で幅をきかせている現状を思えば、決していまだに誇張ではない。"We tell her home is the only place she should be" とか "We insult her every day on TV / And wonder why she has no guts or confidence" や "While telling her not

to be so smart / We put her down for being so dumb"
とかといった歌詞は、たとえ思想的にはオノ・ヨー
コの感化であったとしても、それを男性たち＝ "we"
を主語として引き受けているという意味で、ジョ
ン・レノンならではの責任のあらわれだった。この
曲は「ジョンとヨーコ」がなぜペアでなければなら
ないか、その本質的な理由を示している。

　『サムタイム・イン・ニューヨーク・シティ』は
〈メッセージ〉としての言葉の表面的な意味にほと
んど決定的に依存する。それゆえにこのアルバムが
二枚組になっていて、LIVE JAM と名づけられたラ
イヴ録音が収められていることには大きな意味が
ある。1969 年 12 月のロンドンのライヴと 1971
年 6 月のニューヨークでのフランク・ザッパ＆ザ・
マザーズ・オブ・インヴェンションとのライヴ録
音。元々は「ボーナス・レコード」という位置づけ

であったのだから、ジョン・レノンの〈意図〉とし
てこれをメインのレコードと対等の物と見なすこと
はよくないのかもしれないが、この二枚目が表現す
るのは、〈ロック〉の真髄のような身体のざわめき
だった。一枚目の頭脳的な表現に対して、それは
バランスをとるように存在している。8分半に及ぶ
"Cold Turkey"、元は30分にも及んだという "Don't
Worry Kyoko" は音楽アーティストとしてのジョン・
レノンとオノ・ヨーコのすばらしさをよく伝えてい
る。ザッパのバンドとの共演も含めたこの録音にお
いて、オノ・ヨーコのアヴァンギャルドなスクリー
ムは見事に音楽の中にはまっている。一枚目と二枚
目とが、いわば逆方向に引っぱり合う。その両極と
もが、あるいは両極が揃うことで、ジョン・レノン
を表している。

[5] 『マインド・ゲームス』

　アルバム『マインド・ゲームス』はジョン・レノ
ンのキャリアの中で最も残念なアルバムだ。だがな
ぜそうなのかを考えることはとても重要だ。そこで
象徴的になるのはアルバム・タイトルにもなった
"Mind Games" の歌詞なのだ。この曲は 1970 年末
のアルバム『イマジン』のセッションで既に（どの
程度かはわからないが）できていたらしい。にもか
かわらずこの曲ほど〈1973 年のジョン・レノン〉
をよく表しているものはない。不思議なことだ。ポ
イントは、"Mind Games" が「すでに述べたことを
繰り返し確認している」ことにある。サビのかな
めになるライン、"Love is the answer and you know
that for sure" が告げるのは、「もうすでにきみたち
には〈答え〉を告げている、きみたちはそれを知っ
てるよね」ということだ。しかしもしも「答え」が
もう出ているなら、あとはそれを反復し復唱する
だけになってしまう。当たり前のことだが、人生に
答えはないし、あってはならない。答えの先はもう

何もないからだ。答えと思ったものが実はほんとう
の答えではないかもしれないと疑問に思ったり、最
初の答えは実は更なる問いへの入口だったり……そ
うでなければ生きている意味はないのだ。"Love is
the answer and you know that for sure" には、語る
者と聴く者との間に緩んだ〈狎れ合い〉がある。既
にメッセージを受け取ったフォロワーたちと指導
者だけしかわからない閉じたコミュニケーション。
"So keep on playing those mind games together" と
言うときの "keep on"（やり続けろ）もまた、既に
課題を開始した者たちにしか通じない物言いだ。最
後 の "Keep on playing those mind games forever /
Raising the spirit of peace and love" にしても、"peace
and love" のスピリットとは何なのか。それは新し
いアルバムの冒頭のこの場所では、ただの標語、ス
ローガンの空虚な記号ではないのだろうか。つまり
この曲には退廃があるのだと感じる。かつては新鮮
な表現だったものが、いまや確認済みのわかりきっ
たメッセージの繰り返しになってしまい、まるで出
来レースのようだ。そしてアルバムの他の曲と並

べて聴くとき、1970年末には作られていたらしい
"Mind Games"が、まさしく1973年のジョン・レノンの位置を示していることに驚く。

　『マインド・ゲームス』は『ジョンの魂』と『イマジン』のメッセージをなぞる。〈なぞる〉というのは、そのまま繰り返すことではない。なぜならそこにジョンとヨーコという二人の生身の人間が過した時間が差し挟まっているからであり、既に二人は変わっていたからだ。伝記的に言えば、この時期二人の関係は悪化していたし、このアルバムのあと彼らは別居生活に入り、オノ・ヨーコは離婚も考えたようだ。『マインド・ゲームス』における〈なぞる〉営みは、初発の新鮮な概念のほとばしりを、言葉によって言い直し、説明あるいは解説するかのような行為になっている。しかもジョン・レノンによるその説明が必ずしも正しいとは思われないのだ。

心が離れつつあったヨーコを引きとめるという意図もあっただろうが、"Out The Blue" の歌詞、"All my life's been a long slow knife / I was born to get to you / Anyway I survived long enough to make you my wife" は、自分がヨーコを「妻（my wife）」とするために生まれたと言い、"Anyway it had to be two minds, one destiny" と言って、二人が結婚したことが共通の「運命＝定め」だったと言う。『ジョンの魂』にはこのように自らの婚姻関係を意味づける行為は見られない。また "You Are Here" では "East is east and west is west / The twain shall meet / East is west and west is east / Let it be complete" と述べて、「東洋」のヨーコと「西洋」のジョンとが一つの完全体になろうと言っているが、この〈ペアの神話〉は、元々『ジョンの魂』において萌芽していたとは言え、このように〈西〉と〈東〉の合一としてイメージし直されると、リアリティから離れてしまうことは否めない。"One Day (At A Time)" の "You are my woman, I am your man / Nothing else matters at all" でも、「男」と「女」が理想的な一対のペアをかた

ちづくり、それが結婚＝夫婦という形をとることが前提されている。つまり、『ジョンの魂』でその出発が宣言された二人だけのリアリティは、『マインド・ゲームス』では言葉によって糊塗され粉飾されて、ヘテロな婚姻を理想とするという意味で、保守的とも伝統的とも言えるファミリーの価値規範に合致するものになってきているのだ。残念なアルバムというのはそういう意味だ。男と女の婚姻による家族のあり方の肯定という問題は、生前最後のアルバム『ダブル・ファンタジー』において更に強固になる。

　『マインド・ゲームス』を最もリアルに響かせているのは、ヨーコへの謝罪の歌 "Aisumasen (I'm Sorry)" である。ゴシップ的な伝記的挿話の詳細をあえて確認しなくてもこの曲からなんらかの推測ができることだが、この曲の背景には、あるとき酒に

酔って衝動的に妻以外の女性とセックスをした事実があったとは言えそうだ（Kenneth Womack, *John Lennon 1980*, 34）。『ジョンの魂』で "I just believe in me / Yoko and me / And that's reality" と言ってあらたなアイデンティティを宣言したジョン・レノンも、夫婦として共同の生活を送るうちに、当初の心を保てなくなる。それは、悲しいかな、ある意味で自ずからな成りゆきとして受けとめることもできる。しかし自然な成りゆきの果てに別れることは、ジョン・レノンが何よりも忌避するものだったのだろう。ある意味でジョン・レノンは返せないような負債を負ったと言えるかもしれない。"And when I hurt you and cause you pain / Darlin' I promise I won't do it again / Aisumasen aisumasen Yoko" という、あからさまで身も蓋もない謝罪のふるまいは、以後のヨーコへの基本的な精神態度、少なくともその一つを決定した。だから "I know (I Know)" でも、"I am only learning / To tell the trees from wood" と、ヨーコのおかげで世界についてやっと知り始めることができたと言いながら、"And I know and

I'm sorry (yes I am)" と謝らねばならない。"Today I love you more than yesterday / Right now I love you more right now" と自らの愛情をアピールし、「ジョンとヨーコ」の love を変わらずに追求することが自らのアイデンティティだと言おうとする。このとき既に、二人の関係において、ヨーコがジョンよりも優位に立っていたことはあきらかなのだ。"One Day (At A Time)" の自分たちの関係を表現した言葉、"'I'm the fish and you're the sea"、"I'm the door and you're the key" という表現は、その非対称な関係を完膚なきまでに言い尽している。

　外部から見れば、ジョン・レノンは 1973 年から 74 年にかけてのどこかで、そうたとえば 74 年の 2 月にダコタ・ハウスでヨーコと離婚について話し合ったときなどに、彼女と別れていたら、また別な人生が、そうたとえばボブ・ディランのような

不安定な人生が、待っていたかもしれない。そこからあとのジョン・レノンの音楽活動もまた必ずや多産なものであったろうし、或いは40歳で射殺などされていなかったかもしれない。もちろんあり得ない無意味な空想であり、それでは〈ジョン・レノン〉にはならない。オノ・ヨーコにも恋人と言える相手がいた（らしい）にせよ、本気でジョン・レノンと離婚するつもりは、おそらくなかっただろう。別居の開始時に、夫をロスアンジェルスに送るとき中国系の若い女性メイ・パンを傍に付けて、彼らが肉体関係に入ってもかまわないと含みながら送り出したのは、他ならぬヨーコだった。別居の時期、ジョン・レノンはメイ・パンと恋愛関係になったが、頻繁にニューヨークのヨーコと電話で話していたと言われている。不思議な、とも不自然な、とも言える婚姻関係である。だが夫婦の間のことを他人があれこれ論評するのは無益だ。不自然でも普通でなくてもかまわない。ジョン・レノンにとってオノ・ヨーコとともに生きることは、何を措いても人生の最上位の優先事項だった。それを "destiny"（運命）にしな

いではすまされない意志。この時期のジョン・レノンを考えるために不可欠なポイントはそれだ。

[6] 『心の壁、愛の橋』

　アルバム『心の壁、愛の橋』（*Walls and Bridges*
に対するこの邦題にはどうしても抵抗がある）は、
ジョン・レノン本人の自己評価が最も低い。しかし
アルバムとしては『ジョンの魂』の次に来るすぐれ
た作品だと思う。「ジョンとヨーコ」の〈物語〉か
らすれば、本人が「ロスト・ウィークエンド」と呼
んだ別居の時期の作品になり、オノ・ヨーコの愛が
得られない状態をさまざまに歌っているのだから、
いわば谷間のアルバムだと見なされる。しかしこの
アルバムについては、いや彼のすべてのアルバムに
ついても、私たちはあくまでも〈作品を通じて現れ
るジョン・レノン〉を信じなければならない。そこ
では、望む愛が得られずに苦しむ心の状況が、緊密
な歌詞と音楽性によって完成度高く表現されてい
て、音楽性と言うよりもスピリットにおいて、『心
の壁、愛の橋』はジョン・レノンによる〈ブルース〉
の究極の表現になっている。そしてそれは、たとえ
ば『マインド・ゲームス』が〈作者〉ジョン・レノ

ンの個人的な事情を意識しなければ受けとめられないのに対して、たとえジョンとヨーコの特別な愛の離反という背景を知らなくても、「恋する相手に顧みられない男の心」を普遍的に伝える。誰でも失恋して相手に未練のある状況にあるならば、このアルバムを自分のこととして受けとめることができる。

　『心の壁、愛の橋』には駄作がない。どの曲、どの録音も誠実にまともに聴くに値する。それはあのインストルメンタルの "Beef Jerky" でさえ、また一枚のアルバムを戯れのように締めくくる "Ya Ya" でさえそうなのだ。個々の曲だけでなく、アルバムとしての構成もすばらしい。Ａ面で、失った愛を激しく嘆くアップテンポのロックンロール "What You Got" から、一転して愛するひとへの祈りを歌った、静かな心の呟きのような "Bless You" になり、そこから切れ目なく、最も痛みのある心の傷をさらけ出

す "Scared" のあの狼の遠吠えへと移っていく、一連の流れ。B面で、ヨーコ以外の女性への突発的な愛を告白した幸福な "Surprise, Surprise (Sweet Bird Of Paradox)" から、一転して救いがたい孤独の厳しさを歌った "Steel And Glass" のあと、音楽の現在の瞬間が作り出す享楽に身を委ねる "Beef Jerky" へと移る変化。結果的な印象であろうが、充実しきったトータル・アルバムのようにそれは響く。

　苦しい心を歌うことが、それ以前の停滞の感覚を払拭し、陰翳のある奥深い表現を生んだという意味で、『心の壁、愛の橋』は 1970 年代のボブ・ディランにおける『血の轍』の位置とパラレルにあるように思える。ディランも当時、60 年代後半から続いた妻サラとの愛の変質を受けて、離婚には至らないまでも、愛の危機を感じていた。ディランが離婚に至るのは映画『レナルド・アンド・クララ』の混

乱のあとであり、極度に不安定になった彼は、揺るがぬ拠り所を求める気持ちが強くなって、結局ボーン・アゲイン・クリスチャンの洗礼を受け、キリスト教の使徒のように『スロー・トレイン・カミング』、『セイブド』へと進んでいく。ジョン・レノンはディランのキリスト教への帰依を嫌悪し、"Gotta Serve Somebody" の悪意あるパロディ "Serve Yourself" を戯れで作ったけれど、そのときのジョン・レノンには、オノ・ヨーコという、彼にとってキリストに匹敵する絶対的な拠り所が存在したのだった。1980年当時ジョン・レノンが最も尊敬し熱中していたのはボブ・マーリーだったようだが、マーリーにはラスタファリアニズムへの深い信仰があり、生前マーリーはボブ・ディランのキリスト教への傾斜について好意的な意見を抱いてもいたのだ。「仕える（serve）」という表現が妥当かどうかはともかく、誰もが何かを信じなければならないという意味で、ボブ・ディランの言っていたことはジョン・レノンにも当てはまっていたかもしれない。

なぜ『心の壁、愛の橋』が全体で統一されたかの
ような印象を醸し出すのだろうか。たとえばアルバ
ム『プシー・キャッツ』のプロデュースをしていた
ときにハリー・ニルソンと一緒に作った "Old Dirt
Road" は、おそらくジョン・レノンの意図として見
れば、彼自身のパーソナルな状況を映し出したもの
ではなかったろう。しかし、古びた埃っぽい道にい
る自己というメタファーとともに、日照りが続いて
周囲には誰もいない状況、"cool, clear water" を激
しく求める主人公の在りようが、一曲目の "Going
Down On Love" で語られた、愛する彼女に去られ
た苦境にある男性主体のそれと合致してくる。"Old
Dirt Road" で歌われた人間の心的状況の表現の広
さ、汎用性が、その重なりを生みだすのだ。もう
一つ、"Steel And Glass" が挙げられる。「これはき
みの友人の話？　それともぼくの友人の話かな？
そいつは誰だ？」というジョン・レノンのささや

きで始まるこの曲は、ビートルズ解散時のマネージャー、アラン・クラインを揶揄した曲だと言われている。だがこの曲の歌詞は（『イマジン』の "How Do You Sleep?" とは異なり）特定の人間を想起させるような細部を持たない。「LAの日焼け」と「ニューヨークの歩き方」を持っているとされるこの主人公は、"your mother left you when you were small" と語られて、まるで自分が生まれなければよかったと願うようになると言われる。電話は鳴らないし、誰にかけても相手は出ない、両手が縛られて紐を解くこともできず、「頭（mind）」には蓋がされたようになって、裏町に住む野良猫のような臭いをあとに残していく。そんな風に描かれるこの "you" は、二人称で語られる以上、ジョン・レノンではないとも受けとめられる。しかし、冒頭で「そいつは誰だ？」と問われ、歌詞の中で「きみは……」という主語で語られる者が、仮にジョン・レノンそのひとのことであったと受けとっても、実はこの曲を深く感じとることができる。リフレインの "steel and glass" は、その主人公の実存の感覚が、「はがね」と（お

そらくは割れ砕けた)「ガラス」のようだと告げている。この男がアラン・クラインのことだという外部情報によって、この曲を味わうことにどのような貢献がなされるだろうか。私を含めてほとんどの聴き手にとってクラインのことなどどうでもいいのだから、かえってその情報はこの曲を他人事として素通りさせてしまう。この録音が伝えるのは、おそろしいほど深い孤独感であり、一種の絶望の状況である。聴き手が音楽によってその感覚を共有することは自然でもあり、望ましいことでもある。とすれば、アラン・クラインのことなど忘れて、このアルバムの曲を順々に聴き続け、このナンバーまで来て虚心にそれに耳を傾ければ、「このアルバムに共通する男性主人公」の心的状況の歌として "Steel And Glass" を受けとめても、間違いとは言えない。つまりこの曲をジョン・レノンが自分の心的状況をメタフォリカルに描いた歌だと受けとめることができるということだ。少なくとも私はそのように聴いてきた。

アルバム中、最もふしぎな歌と評されることの多い曲 "#9 Dream" が語るのは、彼が遠い昔にとてもリアルな夢を見たという仔細だ。この曲もまた『心の壁、愛の橋』の全体と結びついていると私には思える。少年時代なのだろうか、見た夢の中で主人公は通りを歩いて木立ちの中に入っていく。そこで誰かが自分の名前を呼んだ。雨が降り始め、「ふたつのスピリットがとてもふしぎにダンスしている（Two spirits dancing so strange）」のを見た。自分はその夢を信じる、と彼は語る。音の川に乗り、鏡を通って回り、音楽が自分に触れてきた、何かあたたかいものと突然のつめたさをその「スピリットのダンス（The spirit dance）」が表していた。……この夢の核心は "Two spirits dancing" というところだ。それは若きレノンに〈ペアの理想〉を示していたのだと思う。夢は夢で、意味などないと考えてもいいけれど、なぜその夢を語る曲がこのアルバムに

収められているのかは、その場合には不明のままだ。もしもこれを、ペアの理想の姿を子どものときに見たのだというふうにとるなら、どうなるだろうか？ おそらくそれは、自分とヨーコとの出会いはもともと夢のお告げによって示されていたものだった、という感覚の表明になるのだ。この歌にメイ・パンのささやきが入っている事実はその解釈と矛盾するように見えるかもしれないが、メイ・パン自身も元々はヨーコの助手だったし、ヨーコの命を受けてジョン・レノンの世話をしていたことを思えば、（そしてあいまいなこの歌詞の意味にメイ・パンが気づく可能性もきわめて少なかったとすれば、）それも矛盾にはならない。"#9"（ナンバー・ナイン）はジョン・レノンにとって自らの運命と結びつく神秘性を帯びた番号だったのだから、この夢には深い意味がこめられている。（深読みすれば、この夢の記憶自体がフィクションであるかもしれない。）

"Bless You" は心弱くなったジョン・レノンの最も素直な祈りだ。ビートルズ時代の "Julia" を想起させるムードと曲調のこの歌は、冒頭で "Bless you wherever you are / Windswept child on a shooting star" と歌って、ヨーコへの語りかけがなされる。それに続く "Restless Spirits depart / Still we're deep in each other's hearts" において、複数形の「休むことのないスピリット」が立ち去ったというのは、おそらく自分たち二人を表す霊がいなくなったということだろうし、それでもなおぼくたちはお互いの心の奥深くにい続けると語ることで、別れていてもひとつだと訴えている。それぞれに翼を広げてしまったのだからあの二人はもう終わりだと言う者らがいるけれど、そうではない、うつろな響きなど去年のこだまにすぎないと、ジョン・レノンはヨーコとの関係の修復を求めている。最後のヴァースの冒頭、"Bless you whoever you are / Holding her now" という箇所では、「彼女（her）」がヨーコのことだから、ここで語りかけられている "you" は、ヨーコといま

恋愛関係になっている男のことだ。その人間に "Be warm and kind-hearted" と言うことで、ジョン・レノンはたとえヨーコが浮気をしていても彼女がやさしくされていればいい、と願っている。そのあとすぐ歌は "Remember altho love is strange / Now and forever our love will remain" と締めくくられる。そのように静かにヨーコの幸福を願い、自分たちの love を永遠に続けたい望みを彼女に伝えようとするこの曲に、『心の壁、愛の橋』の最も個人的なメッセージが秘められている。

"Surprise, Surprise (Sweet Bird of Paradox)" は、ヨーコから背を向けることに自分でも驚きを感じながら自己を肯定する曲として、『心の壁、愛の橋』のもう一つの極を示している。「パラドックスのいとしい鳥」はメイ・パンのことだが、それを知っていても知らなくても、本来の相手ではない（かもし

れない）女性に孤独を癒してもらった男の心情はよく伝わってくる。"She gets me thru this God-awful loneliness"、"Oh boy you don't know / What she do to me / She makes me sweat and forget / Who I am" という言葉もそのままで受けとめられる。どれほど長く、ずっとこの状況が続くのかと思っていた、もう自分が驚くことなどないと思っていた、自分が間違っているとき自分の舌を咬んで呑みこむのがいかに苦しいか。そこに思いがけず現れた "a natural high butterfly"、"a bird of paradise" がメイ・パンだった。"I need, need, need, need her" と二度繰り返したあと、最後に "I love, love, love, love her" と語るジョン・レノンは正直だ。この "love" がほんのいっときの浮気心であったとしても、このときこの瞬間の気持ちとしては、嘘いつわりはない。

"Nobody Loves You (When You're Down And

Out)" は、愛を失った男が自分でもその状況を変え
られない事態を受けいれて、むしろ相手に対して少
し開き直るような気持ちを、ややゆったりと伝えて
いる。墜ちた状態を甘受して、それと折り合いをつ
けるかのような感覚があり、それもまた〈ブルー
ス〉の表情ではないかと思わされる。エリック・ク
ラプトン経由のブルースのある部分、避けられない
逆境の受容の気配は、ジョン・レノンにしては珍し
い。"I've been across to the other side / I've shown
you everything, / I got nothing to hide / But still you
ask me do I love you, / What it is, what it is" という
歌詞には、相手に対してこんなにしてやったのに、
こんなに包み隠さずにしているのに、まだだめなの
か、という想いが表れている。"I've been across the
water now so many times / I've seen the one-eyed
witchdoctor leading the blind / But still you ask me
do I love you, / What you say, what you say" のよう
に繰り返して、これ以上何を求めるのかと言って
いる。1番の最後の "I'll scratch your back and you
scratch mine"（ぼくは君の背中の痒いところを掻い

てあげるから、君も僕の背中を掻いて）が、３番の
最後では "I'll scratch your back and you knife mine"
（ぼくが君の背中を掻いてあげる、すると君はぼく
の背中をナイフで刺す）という強烈な指摘へと変わ
る。相手の側にも厳しすぎて問題があると暗に言う
ようなこの歌は、『心の壁、愛の橋』のジョン・レ
ノンの心の場所を正確に示している。

　　『心の壁、愛の橋』の白眉は何と言っても "Scared"
だ（「心のしとねは何処」という日本語タイトルは
ひどすぎる。「こわがって」という意味だからあえ
て訳せば「ぼくはこわい」とでもなるだろうか）。
狼の二度にわたる遠吠えの悲痛な響きは、もちろ
んジョン・レノンそのひとの心境だ。１番が "I'm
scared"、２番が "I'm scarred"（ぼくは傷ついてる）
と韻を踏むのは詩人ジョン・レノンの才能の輝き
である。"I'm scarred" の繰り返しが表明するよう

に、恋による〈心の傷〉をこの曲は巧みに、そして赤裸々に表している。"I'm scarred, I'm scarred, I'm scarred / Every day of my life / I just manage to survive / I just wanna stay alive"——一日を生き延びるのがやっとという苦しみが、ジョン・レノンが伝えたいものだ。自分には "You don't have to worry / In heaven and hell / Just dance to the music / You do it so well, well, well!" と言い聞かせる。苦しみから目を逸らすために音楽に合わせて踊る、その一つの形として、たとえば "Beef Jerky" もあったのだろう。サビの箇所の "Hatred and jealousy, gonna be the death of me" というのは彼の血によって購われたとさえ言える自己認識だった。"I'm tired, I'm tired, I'm tired / Of being so alone / No place to call my own / Like a rollin' stone" という終わり方もまた、この時期のジョン・レノンの自己認識を完璧なまでに表している。言うまでもなく "Like A Rolling Stone" はボブ・ディランによる高らかな生き方の表明だった。ディラン自身が1970年代半ばから後半において、その言葉に必ずしもプラスの価値を見出せなかった

可能性もたしかにある。それでも、オノ・ヨーコと自分との完全な合体のあり方を自らのアイデンティティにしたジョン・レノンだからこそ、「ひとりではいられない、転がる石みたいなのは嫌だ」という感情はこれ以上ない説得力を持っている。そして聴き手もおそらくこの歌によって、転がる石みたいな在り方ではなくて自分の居場所と言えるような場所を持つべきだという思いに誘われるだろう。ジョン・レノンの抱いた〈ペアの神話〉は過剰な思い入れとして受け入れがたく思うにしても、愛に見棄てられるとき、ひとが愛する相手と共に在って落ち着くことの必要性は痛いほど感じられる。そう思わせるのが、『心の壁、愛の橋』の功徳だとも言える。

　『心の壁、愛の橋』がジョン・レノンの表現の一つの極北であることはたしかだ。そこにはリアルな

痛みがあり、自分など無でもしかたがないという諦めがあり、どこにいても愛するひとの幸福を願う祈りがある。心は揺れに揺れて、目の前の女性との関係にいっときの救いを求めたり、遠いところにいる相手を恨んだりする。なんと自然な、ひとの心だろう。結局ジョン・レノンはこのあとヨーコと縒りを戻すことになるが、その未来から遡ってこのアルバムを考えるのはアンフェアなことだ。このアルバムを作り終えたとき、破局する可能性もあったのだ。そこにこそ、このアルバムの普遍性や汎用性がある。無数の人びとが、あるとき、このアルバムに浸って心を癒すことがあるだろう。関係が修復されなくてもいい、それはそれでしかたがないじゃないか。

[7] 『ダブル・ファンタジー』
　　　　『ミルク・アンド・ハニー』

　"(Just Like) Starting Over" を初めてラジオで聴い
たとき、ジョン・レノンはまだ生きていて、私は
18 歳だった。唐突な彼の死を挟んで、たとえば月
刊誌『プレイボーイ』（日本版）の（二回に分けた）
ジョンとヨーコのインタビューなどをバイブルの
ように読みながら、アルバム『ダブル・ファンタ
ジー』のジョン・レノンの曲を何度も聴いた。当然
のことだけれども、18 歳の自分には 40 歳のジョ
ン・レノンの表現したものは、遠かったと思う。そ
れもあれらの曲をこちら（ファンの側）に届けなが
ら、もう手の届かない向こうに逝ってしまったとい
う、二重の〈遠さ〉だった。その後の 40 年の間に、
自分の状況も変わり、折にふれて〈最後のジョン・
レノン〉と対話をしてきた。いまはジョンが死んだ
年齢をはるかに越してしまった。生前最後のアル
バムは、最初のソロ・アルバムと同じように、ジョ
ン・レノンの〈人生〉を背後に感じないでは聴くこ

とができないもので、まるで『ジョンの魂』の出発点からの10年の、意図された総括のようでもあり、一つのサイクルの終わりを画するものでもあった。もちろんジョン・レノンにとっては終わりではなく始まりを画するアルバムだったのだが、彼がその後も永く生きていたらどのような活動をしていたか、まったく想像することができない。私にとっては、『ダブル・ファンタジー』のジョン・レノンは、まず及び難い〈大人〉の存在であり、その後いつの間にか、同伴するかのようなひとになり、うしろを振り返るとそこにいるひとになった。

　1975年から80年までの間、「ハウス・ハズバンド」としてジョン・レノンが何をしていたかはわからない。彼自身が1980年に提示した自己イメージは、ショーンを育てることに人生の全部をかけ、外の仕事はオノ・ヨーコに任せて、家事をおこなう

主夫、というものだった。ショーンには専属の乳母というか、面倒を見るひとがいたし、掃除や洗濯などは人任せだったという意味では、世間一般で言うような意味で彼の生活は〈主夫〉ではなかった。それでも自らの意志として、生まれた子どものために生きるという決断をしたことは決定的だった。偉大なアーティストはしばしばその人生も芸術表現であるかのように見えるものだが、この５年間の、外から見れば「沈黙」の時期は、『心の壁、愛の橋』と『ダブル・ファンタジー』に挟まれることによって、それ自体がくっきりとしたメッセージになった。それは、1969 年から 71 年あたりまでの peace & love の政治的なメッセージとは違うが、社会的な仕事と対比した子育ての重要性や、男女の役割分担のあり方の見直しという意味で、当時の常識を揺るがすような重要性を含んでいた。

『ダブル・ファンタジー』と死後の発表になった『ミルク・アンド・ハニー』に収められたジョン・レノンの曲は、〈ロックの成熟〉をおそらく歴史的に最も早く示すものだった。60年代に活動し始めたロック・アーティストたちは、若くして亡くならなければ長いキャリアを生きることになる。ジョージ・ハリスン、エリック・クラプトン、ボブ・ディラン、レナード・コーエン、デビッド・ボウイ、ルー・リード、ニール・ヤング……考えればそれぞれの成熟がある。もちろん〈成熟の拒否〉こそロックだという主張もあり、それも一理あるし、そう考えた方が似合うアーティストもいるだろう。ジョン・レノンの場合、成熟はまず彼自身の自己定義によってもたらされる。"starting over"、「もう一度始め直す」という表現そのものが、若かった過去との決別と人生の仕切り直しを意味する点で、ある種の成熟を目指している。ここでは「成熟」とは、誰か（パートナー）とある年月を過して経験を共有してきたという位置からの眼差しと感慨を指している。"Our life together is so precious together / We have grown—

we have grown" という曲の始まり……。

『ダブル・ファンタジー』の成熟は、たとえば
"Watching The Wheels" に現れる。それは〈ゲー
ムから降りること〉の勧めだ。人びとは "Surely
you're not happy now you no longer play the game"
と自分に言ってくる。だが「プレイ・ザ・ゲーム」
がなぜ幸福を意味し得るというのか？　それは勝ち
負けを決めるものであり、他者たちと相対的な評
価の優劣を競うものである。これに対して "I'm just
sitting here watching the wheels go round and round
/ I really love to watch them roll" と答えてみせるこ
とで、自分がゲームのプレイヤーにならなくてもい
いのだと告げる態度こそ、範例的なもの、見習うべ
きものなのだ。"No longer riding on the merry-go-
round / I just had to let it go"——回るメリー・ゴー
ランドをただそのまま放っておく、「そうしなけれ

ばならなかった (had to)」という表現は、この「ゲーム」から降りることがジョン・レノンにとって難しかったということを示している。いまメリー・ゴーランドはどうなっているのかが、気にならないのではない。ただ、気にしないでいる自分を保とうとしているのだ。もしも世間や社会のさまざまな「ゲーム」など一切どうでもよくなることがほんとうの成熟だと言うなら、これは成熟ではない。だが成熟とは固定した質を持った実体ではない。〈成熟〉の方へと向かう途上もまた成熟の一部であり、それもまたグラデーションなのだ。つまりそもそも成熟は未成熟を含んでいるものなのだと思う。ジョン・レノンが沈黙を破って再び新たなロック、大人のロックを世に問おうとして活動を再開したこと自体が、やはり「ゲームに参加すること」だろう。40歳のジョン・レノンの「もう一度ヨーコとの共同作業を始めよう！」という決意が、もちろんある〈若さ〉を持っているのだ。

「ジョンとヨーコ」が共同の表現主体となってメッセージを発する。それがジョン・レノンがオノ・ヨーコと出会い『トゥー・ヴァージンズ』の最初の作品を作ったときから、自ら決めた〈原点〉だった。『ダブル・ファンタジー』はその原点をもう一度、新たに確認する。偶然出会ったフリージアの花名「ダブル・ファンタジー」の語がジョン・レノンに示したのは、二人の別個の個人が個々の fantasy ＝想像・幻想・願望・夢を〈重ね合わせる〉というコンセプトだった。この場合見落とせないのは、二人はあくまでも二人であるということだ。他者どうしが違いを抱えたまま意志してひとつのイメージを目指すこと。そのコンセプトを実体化、物質化した成果がアルバム『ダブル・ファンタジー』の、ジョンとヨーコが交互にそれぞれに関連のある自作（曲）をつなげるという形式だった。私たちはそれを、理念としては素直に受けとめることができる。けれども実際にアルバムを聴いて、ジョンとヨーコの作品を交

互に聴いていくとき、重ね合わせの具体的な現実を
体験することになる。ジョン・レノンを愛し尊敬す
る者はみなここで、オノ・ヨーコの表現に向き合い、
それをポジティヴに味わうように促される。アルバ
ムの創作過程を念頭に置けば、まずジョン・レノン
の曲が先にあって、オノ・ヨーコの歌がそれらへの
「アンサー・ソング」として創られた事情が動かせ
ない。だから、「ファンタジー」を「ダブル」に重
ね合わせるということは、ここではオノ・ヨーコの
「アンサー・ソング」の質の問題、結果として二人
が歌によってどのような対話をしているかという問
題になる。ジョン・レノンがヨーコの才能を心から
賞賛し、アーティストとしての彼女を心底プロモー
トしたかったことは間違いないのだから、その精神
に忠実であろうとすれば、オノ・ヨーコの表現をも
賞賛できねばならない。しかしそんなふうに考えた
時点で、そもそも心から賞賛してはいないというこ
となのだ。オノ・ヨーコには彼女ならではの偉大さ
があるけれど、『ダブル・ファンタジー』と『ミル
ク・アンド・ハニー』の彼女の曲を、またその歌詞

の言語的なメッセージを、私はあまり高く評価する
ことができない。

　批判のための言葉は本意ではないが、たとえば
"(Just Like) Starting Over" へのアンサー・ソング
"Kiss Kiss Kiss" が、"Just one kiss, kiss will do" とか
"Touch, touch, touch, touch me love/ Just one touch,
touch will do" と言うとき、それなりに長い時間を
共有してきた二人がもう一度スタートしようと誘い
かけるメッセージに対して、肉体的な愛情表現が足
りなかった、それさえあれば大丈夫と答えているこ
とになる。しかしそれでは浅すぎる。この曲で、ど
うして歌詞が "Why death / Why life / Warm hearts
/ Cold darts" や "Why me / Why you / Broken
mirror / White terror" のように問題を抽象化しなく
てはならないのかが、私には理解できない。また
ヨーコとのコミュニケーションのすれ違いを激し

く嘆き、身悶えするさまを語った "I'm Losing You" への応答として、彼女が "I'm Moving On" を返し、"I want the truth and nothing more / I'm moving on, moving on / You're getting phony" と言うとき、夫が嘘をついているからさっさと自分は立ち去って行くというその対応に対して、やはり、はたしてそれでいいのか、相手の心情には一顧も与えずに、不誠実（"phony"）な行動を斬って捨てるような割り切った態度でいいのだろうか、それもまた浅い、と思わされる。つまりジョン・レノンとオノ・ヨーコの表現の間に大きな質的な差があるのだ。だからたとえそれがジョン・レノンの望みに反することになっても、この２枚のアルバムに関して、〈二人の重なり方〉を不可欠なものだとする前提ぬきに、ジョン・レノンの表現だけを考えてもいい、そうする理由はある、と思う。

オノ・ヨーコと出会って以来、ジョン・レノンはペアの理想を掲げ、自分たちのカップル（夫婦）を神話化するような営みを続けてきた。『ダブル・ファンタジー』でそれは強められている。男性と女性が一対をなし、家族をなすというモデルであり、その点で伝統的で保守的な結婚制度の精神的な肯定へとつながるものでもある。たとえばそれは、"Cleanup Time" で "However far we travel / Wherever we may roam / The center of the circle / Will always be our home" と語られる "home" の理想だ。ジョン・レノンが好きだからと言って、私たちがこのペアの理想を自らの理想とせねばならないわけではない。とりわけショーンという子どもができて、父 - 母 - 子というファミリーのかたちが高らかに謳いあげられているかに見える以上、そのイデオロギーには付かずに、なおジョン・レノンの表現をひとりの個の軌跡として肯定することが、もしもジョン・レノンが好きなら、私たちのなすべきことになってくる。

オノ・ヨーコの曲 "Every Man Has A Woman
Who Loves Him" はタイトルが語るとおり、「男」
と「女」が運命的な出会いをすることを寿ぐ歌だ
が、ジョン・レノンの価値観でもあったと見てい
い。ヘテロセクシャルな関係が特権視されること
には抵抗がある。だがそれだけではなく、二人の関係
性が問題になる。"every man" だけでなく、"Every
woman has a man who loves her" と言って、男女が
まったくパラレルに、相互対称的にカップルの関
係になることが称揚されているけれど、ジョン・
レノンの "Woman" を考えれば、この男女の関係は
非対称なものだということがわかる。"After all I'm
forever in your debt" と言い、永遠に相手の女性に
負債を負っている自分と、それを許してくれる女性
への感謝を語るこの歌は、『マインド・ゲームス』
で相手に謝っていたジョン・レノンの姿をまた浮
かび上がらせる。"Woman please let me explain / I
never meant to cause you sorrow or pain" が示すの

は、過去において自分の行為のせいで相手を悲しませ傷つけたことへの負い目だ。それが夫婦として不自然だと言うのではない。むしろ男女の共同生活において、男性が女性を傷つけるということはごく普通にある。だから男の方は真剣に相手に向き合うと、しばしば謝りたくなる。つまりこの歌は、〈あるべきカップル〉の理想を歌っているのではなく、〈しばしばよくあるカップル〉の現状と、それにもかかわらず良好に過せている幸運を歌っているのだ。"Woman I know you understand / The little child inside a man" と言うとき、男は内的に未熟な「子ども」であり、そうであることへの理解を女性に求めていることになる。ほんとうは、女性の中にも "the little girl"（子ども）はいつもいる。だが関係は非対称なまま、アンサー・ソング "Beautiful Boys" でヨーコはジョンに、"You're a beautiful boy" と語りかけ、"Your mind has changed the world" と言って彼への理解を示し、息子ショーンと同じ位置（"boys"）にジョンを置くことで、自らを〈母〉として位置づけている。"Woman" でジョン・レノン

は "After all it is written in the stars" と語り、自分た
ち夫婦の関係が永遠の運命だと述べて、ヨーコを「女
性」としてほめたたえる。こうした関係は、もし聴
き手もその理想ごと承認せねばならないなら、いた
だけない。しかし "Woman" は〈最後のジョン・レ
ノン〉の代表作であり、実際にはとてもすばらしい
歌だと感じられる。ジョン・レノンの偽りない感情
がそこには出ていて、それは結婚を経験した多くの
男性が人生のどこかで感じるような、ゆたかな気持
ちでもある。たとえ理想的とは言えないにせよ、ま
たこのカップルの関係性が歪さを含むとしても、人
生の最後でジョン・レノンがこんなふうに愛を感じ
ることができたなら、またこんなふうに自分の存在
を肯定できたなら、それはすばらしいことだと思え
る。そしてそれもリアルなことなのだ。

『ダブル・ファンタジー』あるいは〈最後のジョ

ン・レノン〉の成熟を最も示すのは、"Beautiful Boy (Darling Boy)" だ。自らを「子ども」だと感じるのが未成熟な心だとすれば、この歌でジョン・レノンは自らを〈父〉として感じとっている。勝手にいつの間にか父であるのではなく、自覚して、志しながら、〈父になる〉ということが、ここでなされていることだ。"Close your eyes / Have no fear / The monster's gone / He's on the run and your daddy's here" というように眠りにつく幼い子どもに語りかけるジョン・レノンは、歌詞とヴォーカルとサウンド、すべてにおいて最もやさしい自分を表現している。"Before you go to sleep / Say a little prayer" と語りかけるとき、"little" が子どもに見合って効いている。"Before you cross the street / Take my hand / Life is what happens to you / while you're busy making other plans"（ストリートを渡るときは／ぼくの手をとって／人生は君が何か別の計画をねっているときに／君にふりかかってくるもののことなんだ）という箇所は特にすばらしい。元々 1979 年に "My Life" という曲を作る過程で "Life is something that happens to you while you're making plans or something like that" という歌詞があったという (Kenneth Womack, *John Lennon 1980*, 70)。「ぼくの人生」について歌われたことが、たいせつな子に伝える言葉になった。"Life is what happens to you while you are busy making other plans" というのは、元々はある小説の中でジョン・レノンが出会った言葉だったらしい。だが誰が最初に言ったのであっても、この言葉が表している人生についての認識を、ジョン・レノンがきわめて重要なメッセージと見なしていたことは間違いない。何かに懸命に取りかかっているときに、それとは別のことがらが、まったく予期せずに起こってくる、その起こってくることがらが life だ。それはなんとすばらしい認識だろう。おそらくジョン・レノンの life にもそれは当てはまっているはずだ。

ジョン・レノンの死の翌年、詩人の鮎川信夫は、ビートルズ時代の彼を「体制への反逆者」として高く評価しつつ、子どもができて以来のジョン・レノンを「吠えるセイウチだった者が、愛らしいゴマフアザラシになって、マイ・ホームの檻の中に閉じこもってしまったのである」と言って批判した（「ジョン・レノンの死」、『ジョン・レノン　1940-1980』、178-181）。おそらく同種の批判は常にあるだろう。『ダブル・ファンタジー』はジョン・レノンの社会への表現行為だから、それ自体は彼が「マイ・ホームの檻」の外へと出ていくことだったが、自らのアイデンティティを〈父〉として定位し直すことが保守的な「体制」に迎合することだと見なす視点は、たしかにある。私は最後の５年間のジョン・レノンを政治的に救い出すべきだとは考えない。集団的なアイデンティティを扱う政治的な見方からジャッジせず、個が生きる限界ある場における精神態度（心構え）を考えさせるものとして、ジョン・レノンと向き合いたい。彼の life の実験が辿ったプロセスとして見れば、〈父になる〉ということは天の贈り物を

受けとるような変化だったし、寄り添って見つめれ
ばひたすらリアルなことだった。ジョン・レノンは
いつも自分個人にとって〈リアル〉なもの（だけ）
を求めていた。

"I Don't Wanna Face It" には、"Say you're looking
for some peace and love / Leader of a big old band /
You wanna save humanity / But it's people that you
can't stand" という歌詞があり、人類を救いたいの
に君が我慢できないのはピープルだというこの言葉
は、「ジョンとヨーコ」の初期の peace & love のメッ
セージを裏切るようにも見える。1980 年に『ダブ
ル・ファンタジー』のプロモーションのために行わ
れた複数のインタビューを読めば、ジョン・レノン
が人類のための平和と愛のメッセージを捨てていな
いことはあきらかだが、同時にこの曲を聴けば、そ
の理想主義から一歩離れて、まずは自分とヨーコの

二人きりの関係をやり直したいと思っていたことも感じられる。それは残念なことではない。あるひとがいつも普遍的な理想の旗を振り続けなければならないというのは酷なことなのだ。その旗をジョン・レノンから受け継いだなら、誰でもが自らの居場所で旗を振ればよい。ジョン・レノンは民衆の「リーダー」ではない。

"Borrowed Time" は深い歌だ。人生の自分の時間はあくまでもいっとき「借りられた」ものにすぎない。これもまた成熟した思考である。この歌は前半で、自分がいまよりもっと若かったときは混乱していて、自由とパワーの幻想を持っていた、そのとき自分は "Living on borrowed time" であったのだと言う。後半では、もっと歳をとったいま、よりたくさんのことを見て、それだけ自分がたしかに知っていると言えるものは少なくなった、そして未来がより

あかるく見えると言っている。現在の "older" な自分もまた "Living on borrowed time"、借りられた時間を生きているとジョン・レノンは告げる。"Good to be older"、歳を重ねることはいいこと、"Less complications, everything clear"、複雑な縺れが減って、すべてがクリアーになる。わずか 40 歳でこんなことが言えるなんて……まるで悟りのようではないかと私は思う。そのとおり、私もまたいっとき借りている時間を生きている。

"Grow Old With Me" はうつくしい歌だ。とりわけ 40 歳でジョン・レノンの命が突然に絶たれたことを思うと、その夫婦の理想が、あり得ない願いへの祈りのように、はかなく響いてくる。私はメアリー・チェイピン・カーペンターが 1995 年のジョン・レノンへのトリビュート・アルバムで歌ったこの曲のカバー・ヴァージョンが好きだ。女性歌手が

歌ってもまったく同じように、うつくしい祈りとしてこの曲は響く。生はいつでも断ち切られる。ジョン・レノンの最期が示すように。誰の生も。「一緒に年老いていこう」という願いは、ありきたりかもしれないが、あたりまえではない。そしてやはり、この歌を聴くとき、ジョン・レノンの〈人生〉を感じないではいられない。ジョン・レノンを聴くことは最後まで彼の life を、要素に分けられないまるごとのものとして感じるということだった。

　love をめぐるジョン・レノンの実験は途絶した。だがこの実験にはそもそもエンディングが存在しない。どこで途絶えてもそのことを「未完成」ゆえにマイナスに考えなくてもよい。人生には完成などないからだ。ジョン・レノンの突然の死は悔やんでも悔やみきれない。しかし死の瞬間まで彼の実験は続いた。そこでは続きと終わりは一つになって分かち

がたい。ジョン・レノンはオノ・ヨーコというひとりの他者と絶対的な関係を結ぶことによって、自らのアイデンティティをつくり直した。そのこと自体におそらく無理があったのだ。人間は変わるし、最初の感覚は失われるからだ。危機をやり過して、ジョン・レノンが "Starting Over" しようとしたとき、二人の関係は変質していた。そと見にはいかにもミーイズム的なファミリーのイデオロギーに嵌りこんだように見えるとしても、それは劣化ではない。1980 年のジョン・レノンには、かつてのどんなロック・アーティストにもなかった love のとらえ直しが行われていた。二人で一緒に幻想を重ねながら老いていこう、そう決意することが既に一つ知恵なのだ。想いをダブルに重ね (ようとす) ることは、二人が一体になることではなく、別々のままでもできることだからだ。人生の道の半ばで、継続してきた関係をあらためて選び直すこと。その生き方を再び世の範例のように示そうとしたジョン・レノンが、もし生き続けていたらどんな成りゆきになったのだろうか。それは永遠にわからなくなったが、

この（再）出発の時期、かつて孤独な魂だったジョン・レノンは、ショーンという子どもを得たことで、常に自分以上に優先して気づかう存在を持つようになっていた。"Mother" の愛を求める子どもの叫びから "Beautiful Boy" の父としてのささやきかけへ。ジョン・レノンは遠いところまで来ていた。私はその〈未完成〉から、いつもインスピレーションを与えられる。

　最後にはいつも、ジョン・レノンのあの声が残る。最初に響いたのと同じように。何をどのように歌っていても、変わらないジョン・レノンそのひとのあの声…。ただひとり、かけがえのないあのジョン・レノンが、そこにいる。

★本書で言及しているアルバム

◎『ジョンの魂』JOHN LENNON/PLASTIC ONO BAND（1970）
Mother 母（マザー）
Hold On しっかりジョン
I Found Out 悟り
Working Class Hero 労働階級の英雄
Isolation 孤独
Remember 思い出すんだ
Love 愛（ラヴ）
Well Well Well ウェル・ウェル・ウェル
Look At Me ぼくを見て
God ゴッド（神）
My Mummy's Dead 母の死

◎『イマジン』IMAGINE（1971）
Imagine イマジン
Crippled Inside クリップルド・インサイド
Jealous Guy ジェラス・ガイ
It's So Hard イッツ・ソー・ハード
I Don't Wanna Be A Soldier Mama I Don't Wanna Die 兵隊に
　　はなりたくない
Gimme Some Truth 真実が欲しい
Oh My Love オー・マイ・ラヴ
How Do Your Sleep? ハウ・ドゥ・ユー・スリープ（眠れるかい？）
How? ハウ？

Oh Yoko! オー・ヨーコ

◎『サムタイム・イン・ニューヨーク・シティ』SOMETIME IN
    NEW YORK CITY（1972）

1
Woman Is The Nigger Of The World 女は世界の奴隷か！
Sisters, O Sisters シスターズ・オー・シスターズ
Attica State アッティカ・ステート
Born In A Prison ボーン・イン・ア・プリズン
New York City ニューヨーク・シティ
Sunday Bloody Sunday 血まみれの日曜日
The Luck Of The Irish ザ・ラック・オブ・ジ・アイリッシュ
John Sinclair ジョン・シンクレア
Angela アンジェラ
We're All Water ウィアー・オール・ウォーター
2 LIVE JAM
Cold Turkey コールド・ターキー（冷たい七面鳥）
Don't Worry Kyoko ドント・ウォリー・キョーコ（京子ちゃん心
    配しないで）
Well（Baby Please Don't Go）ウェル（ベイビー・プリーズ・ド
    ント・ゴー）
Jamrag ジャムラグ
Scumbag スカンバッグ
Au オー

◎『マインド・ゲームス（ヌートピア宣言）』MIND GAMES（1973）
Mind Games マインド・ゲームス
Tight A$ タイト・ア$
Aisumasen（I'm Sorry）あいすません
One Day（At A Time）ワン・デイ
Bring On The Lucie（Freda People）ブリング・オン・ザ・ルーシー
Nutopian Internatlonal Anthem ヌートピアン・インターナショナル・アンセム（ヌートピア国際讃歌）
Intuition インテューイション
Out The Blue アウト・ザ・ブルー
Only People オンリー・ピープル
I Know（I Know）アイ・ノウ
You Are Here ユー・アー・ヒア
Meat City ミート・シティ

◎『心の壁、愛の橋』WALLS AND BRIDGES（1974）
Going Down On Love 愛を生きぬこう
Whatever Gets You Thru The Night 真夜中を突っ走れ
Old Dirt Road 枯れた道
What You Got ホワット・ユー・ガット
Bless You 果てしなき愛（ブレッス・ユー）
Scared 心のしとねは何処
#9 Dream 夢の夢
Surprse, Surprise（Sweet Bird Of Paradox）予期せぬ驚き
Steel And Glass 鋼のように、ガラスの如く

Beef Jerky ビーフ・ジャーキー
Nobody Loves You（When You're Down And Out）愛の不毛
YaYa ヤ・ヤ

◎『ダブル・ファンタジー』DOUBLE FANTASY（1980）
(Just Like) Starting Over スターティング・オーヴァー
Kiss Kiss Kiss キス・キス・キス
Cleanup Time クリーンアップ・タイム
Give Me Something ギヴ・ミー・サムシング
I'm Losing You アイム・ルージング・ユー
I'm Moving On アイム・ムーヴィング・オン
Beautiful Boy（Darling Boy）ビューティフル・ボーイ
Watching The Wheels ウォッチング・ザ・ホイールズ
Yes, I'm Your Angel あなたのエンジェル
Woman ウーマン
Beeutiful Boys ビューティフル・ボーイズ
Dear Yoko 愛するヨーコ
Everyman Has A Woman Who Loves Him 男は誰もが
Hard Times Are Over ハード・タイムズ・アー・オーヴァー

◎『ミルク・アンド・ハニー』MILK AND HONEY（1984）
I'm Stepping Out アイム・ステッピング・アウト
Sleepless Night スリープレス・ナイト
I Don't Wanna Face It アイ・ドント・ウォナ・フェイス・イット
Don't be Scared ドント・ビー・スケアード

Nobody Told Me ノーバディ・トールド・ミー

0' Sanity オー・サニティ

Borrowed Time ボロウド・タイム

Your Hands ユア・ハンズ

(Forgive Me) My LIttle Flower Princess マイ・リトル・フラワー・
　　プリンセス

Let Me Count The Ways レット・ミー・カウント・ザ・ウェイズ

Grow Old WIth Me グロウ・オールド・ウィズ・ミー

You're The One ユアー・ザ・ワン

【著者】

堀内正規
(ほりうち　まさき)

早稲田大学文学学術院教授。1962 年生まれ。専門は 19 世紀アメリカ文学、とりわけラルフ・ウォルドー・エマソン、ハーマン・メルヴィルなど。ボブ・ディラン、日本の現代詩などについても執筆活動をする。著書『エマソン　自己から世界へ』(南雲堂、2017)、『裸の common を横切って　エマソンへの日米の詩人の応答』(吉増剛造、フォレスト・ガンダーとの共著、小鳥遊書房、2019)、『生きづらいこの世界で、アメリカ文学を読もう』(小鳥遊書房、2019)、『『白鯨』探求　メルヴィルの〈運命〉』(小鳥遊書房、2020) など。

ジョン・レノンをたたえて
life as experiment

2021 年 11 月 30 日　第 1 刷発行

【著者】
堀内正規
©Masaki Horiuchi, 2021, Printed in Japan

発行者：高梨 治

発行所：株式会社**小鳥遊書房**
〒 102-0071　東京都千代田区富士見 1-7-6-5F
電話 03 (6265) 4910（代表）／ FAX 03 (6265) 4902
https://www.tkns-shobou.co.jp

装幀　鳴田小夜子（KOGUMA OFFICE）
印刷・製本　モリモト印刷株式会社

ISBN978-4-909812-72-8　C0073